採用学

服部泰宏

新潮選書

まえがき

ご存じのように、２０１６年卒採用から、会社説明会などの広報活動が大学3年生の12月から3月へ、面接などの選考開始が4年生の4月から8月へ、それぞれ「後ろ倒し」されることになった。内定時期は4年生の10月に固定されたままになっているので、企業にとっては、「採用」を目的として正面きって学生と接触できる期間が10カ月から7カ月へと短縮されたことになる。

とはいえ、これはあくまで表面上のことである。優秀な人材を確保したい多くの企業が、上記の期間よりも前に水面下での採用活動を開始している。教育目的の「インターンシップ」と銘打った事実上の「選抜」を行ったり、大学のゼミナールや研究室に直接アプローチして、優秀な学生の囲い込みを図った企業も多く、現実の採用活動の期間は長期化した。２０１６年卒採用においては、日本企業の採用熱が例年以上に高かったことが、こうした動きに拍車をかけたのである。

経団連の「指針」を守る義務のない非加盟の中小・ベンチャー企業にとっても、決して他人事ではなかった。これまで中小・ベンチャー企業の採用活動といえば、大企業の採用活動「前」あるいは「後」に、大企業を選択しなかった学生や、そこに行けなかった学生を採るものと相場が決まっていた。ところが大企業の採用活動が繰り下げられた２０１６年卒採用においては、両者の採用活動時期がまともにぶつかるケースが頻発したのである。これにより、予定していた採用人数を大きく割り込み、学生たちが卒業する3月ギリギリまで採用活動を継続せざるをえない企業が少なからずあった。こうして、ただでさえ混乱しているところに、2017年卒採用からは選考開始が8月から6月へと再度変更されることが発表され、そのことがさらなる混乱を生んだ。

こうした事態に対する企業と学生の反応はさまざまである。他社の動向を慎重に探りつつ、それに歩調を合わせるように採用活動を行った企業もあれば、これを機にこれまでとまったく異なる採用を打ち出したところもある。変化をチャンスと捉えて採用活動のイノベーションを起こし、大企業を凌駕する優秀な人材を採用した中小・ベンチャー企業がある一方で、変化に対して後手後手の対応しかできず、予定をはるかに下回る人材しか確保できなかった大企業も現れた。

学生の反応も一様ではなかった。他者に遅れをとらないよう、大学3年生の前半からインターンシップへの参加や積極的な情報収集を開始し、たくさんの内定を手にした者がいる一方で、大学4年生になっても就職活動に対するやる気が起こらず、結局、就職留年の憂き目にあった者もいる。

私は、経営・行動科学（企業と人間の行動を科学的に分析する専門領域）を専攻する研究者であり、最近では特に、科学的な観点から日本の採用活動を捉え直す「採用学」の確立に力をそそいでいる。

そんな私が本書で読者の皆さんに伝えたいことをあえて一言でまとめるとすれば、こういうことだろうか。

「いま日本の採用活動は大きく変わろうとしている。そして、今後もますます大きく変わっていくだろう。企業としては、そうした流れに絶対に乗り遅れてはならないわけだが、そのためには自社の採用を足元から見つめ直し、変革する必要がある。そして幸運なことに、そうした変革のための考え方やガイドラインは、すでに科学的手法によって用意されている」

その意味でこの本は、何よりもまず企業の大小を問わず採用という業務に携わっている方、とりわけ、これまでとは違った新しい採用、他社のモノマネではなく自社なりの採用に挑戦しようとしている人事パーソンや経営者を対象に書かれている。同時に本書は、「採用なんてルーティン業務だ」「採用で何が変わるのだ」と考えているすべてのビジネスパーソンたちへのウェークアップコール（警鐘）であり、もし現実に日本の採用が「ルーティン業務」になってしまっているとしたら、そうした過去の採用への決別宣言でもある。

本書はいろいろな読み方ができると思っている。採用学のエッセンスと実践的な知識のインプットだけをしたい方は第3章から第5章までをお読みいただきたい。経験豊富で、採用に関する知識に自信がある方は、まず第5章だけを読んで、他社の最新の動向をチェックしていただいてもいいだろう。

しかし筆者としてはやはり、この本を序章から順にお読みいただきたい。採用とはそもそものような活動であり、科学の世界ではどのように分析され、何がわかってきたのか。そのうち自社の採用に生かすことのできる部分とは何であって、採用の最先端企業ではいったい何が起こっているのか――。そうしたことを理解していただいたうえで、自社の採用活動についてじっくりと時間をかけて考えて、周囲の仲間と議論を共有していただきたいと思うからだ。

この本が読者の皆さんの思考を活性化し、議論を呼び、皆さん自身がそれぞれの立場から採用や就職のあり方について議論し、その中から一人でも、新しい採用に向けた具体的なアクションをとる方が出てくれれば、筆者としてこれ以上の喜びはない。

とにかく、いま「採用」の最前線は最高に熱いのだ。

2016年3月24日、はじめての卒業生が社会へと巣立っていく、この記念すべき日に。

著者

目次

採用学

序章　「マネーボール」で起きたこと

弱者が強者を食った

カリフォルニア州オークランドの郊外、オークランド国際空港から2キロほどのところにあるオー・ドットコー・コロシアム。メジャーリーグの球場の中で、最もファールグラウンドが広く、ホームランが出にくい「バッター泣かせ」のこの球場に本拠を構えるのが、オークランド・アスレチックスだ。アスレチックスはＭＬＢのアメリカンリーグ西地区に所属するチームで、地元では「エーズ（A's）」の愛称で親しまれている。日本の野球好きの間では、かつて松井秀喜選手（２０１１年）や、中島宏之選手（２０１３〜２０１４年、現オリックス・バファローズ）が所属し、また東北楽天ゴールデンイーグルスと業務提携したことで知られている。

しかし、それ以上にこのチームを世界的に有名にしたのが、映画にもなった『マネーボール』の物語だ。科学的手法に基づくドラフト戦略や若手選手の育成によって、極めて資金力の乏しい弱小チームがメジャーリーグ屈指の名門球団にまでなったサクセス・ストーリーである。

2002年にアスレチックスがあげたシーズン中20連勝という記録は、ア・リーグで今も破られていない。12年には94勝68敗、13年は96勝66敗でア・リーグ西地区を2連覇。14年も8月15日まで首位を守り続けたものの、シーズン終盤は故障者が続出したこともあり失速したが、レギュラーシーズンの最終戦でワイルドカード（敗者復活戦）に滑り込んだ。

この偉業をもとに、マイケル・ルイスが『マネー・ボール』（中山宥・訳、早川書房、原題『Moneyball』）を書き上げ、さらに11年には映画化され、話題を呼んだ。人気俳優のブラッド・ピットが主役を演じたこの映画は、第84回アカデミー賞では作品賞・主演男優賞など6部門でノミネートされた。このストーリーをご存じない方のために、その背景も含めて簡単に紹介しておこう。

資金を持つ者が制す世界

1990年代以降、アメリカメジャーリーグに所属するチーム間の資金力のちがいは極めて大きくなり、しかもその差はどんどん拡大している。たとえば2002年シーズンの開幕時点では、最も資金力が豊富なニューヨーク・ヤンキースに所属する選手の年俸総額が1億2600万ドル（約155億円、1ドル＝123円）であったのに対して、資金力に乏しいタンパベイ・デビルレイズやオークランド・アスレチックスの年俸総額はその3分の1以下の4000万ドル（約49億円）。ちなみに、同じく資金力の格差が指摘されている日本プロ野球（最も多い福岡ソフトバンクホークスの年俸総額が2015年ベースで46・3億円、最も少ない横浜DeNAベイスターズが22・3億円と、およそ2倍の格差）と比べても、その差は際立っている。

このような「格差」拡大の理由には、フリーエージェント（ＦＡ）制度の導入が大きく関わっている。現在所属しているチームからの拘束なしに、選手が自らの自由意志で他チームと契約を結ぶことを許容する制度である。

今や日本でも一般的になったＦＡ制度であるが、その起こりはもちろんメジャーリーグベースボールだった。１９７５年にモントリオール・エクスポズのデーブ・マクナリー投手とロサンゼルス・ドジャースのアンディ・メサースミス投手が球団側から提示された契約条件に不満を持ち、「球団には選手を拘束する権利がなく、他球団との契約交渉は自由にできるはずだ」と主張した。

１９７５年12月、第三者機関である調停委員会が「２人は自由契約選手である」という裁定を下し、76年２月に連邦地裁判事もこの裁定を支持したことにより、経営者側が野球選手を縛ってきた制限事項が廃止されることになったのである。これを受けて、ＭＬＢ機構側と選手会との話し合いの結果、ＦＡ制度が生まれたわけである。こうして76年にアメリカ連邦地裁がメジャーリーグプレイヤーにＦＡの権利を認めたことがきっかけとなり、選手の球団間の移動が活発になり、同制度の導入からわずか４年の間に、選手の平均年俸が一気に高騰してしまったのだ。

選手の年俸が高騰すると、大物選手を採用し、抱え込めるのは、資金力豊富な一部のチームだけということになる。資金力の乏しいチームは、そうしたチームが欲しがらない無名選手や、故障リスクなどの問題を抱えた選手を採用するしかなく、したがって、良い成績を収めることなど期待できない……という「負の連鎖」に陥ることになる。多くのオーナーは、そう思っていた。実際に、「野球はもはや、金銭ゲームになってしまった」と嘆く球団オーナーは多い。

チームへの貢献とは？

さて、『マネーボール』である。このストーリーの主人公ビリー・ビーンがアスレチックスのゼネラル・マネジャー（GM）に就任したのは、メジャーリーグ各チームが、「金銭ゲーム」に四苦八苦していた時期であった。当時、アスレチックスが選手に支払っていた年俸総額は4000万ドル程度（約49億円。ソフトバンクホークスよりちょっと多いくらいだ）。先ほど言ったように、ヤンキースの3分の1にも満たなかった。数少ないスター選手であるジェイソン・ジオンビー（メジャーリーグ屈指のスター選手の一人。同チーム所属は1995〜2001年シーズン、および2009年シーズン）らの活躍で、なんとか地区2位までこぎつけた01年のシーズンの後、チームの勝利への貢献著しかったジオンビーを多額の年俸でヤンキースに引き抜かれ、02年シーズンの戦力ダウンは確実となっていた。

そこでビリーは、当時の野球界では常識外れとされる独自の手法でチームの再編に取り組んだのだ。その結果、なんと02年シーズンは西地区優勝の快挙を成し遂げることになるのである。弱者が、ある方法をもって、居並ぶ強豪を蹴散らしたのだ。

2000年代初め頃まで、メジャーリーグの各チームは、スカウトの「目利き」によって有望な選手を見抜き、採用することが一般的であった。当時、スカウトたちは、選手の持つ能力を（1）足、（2）肩、（3）守備力、（4）打撃力、（5）長打力といった要素に分解し、そうした能力を示す過去の実績にしたがって、選手たちを評価していた。たとえば打者に関して、とりわけ重視されてきたのが打率と打点だった。打率は「ヒットを打った数／打数（バッターボックスに立った全数から四球・死球・犠打などを引いた数）」、打点は「打者が安打・犠牲打・四死球などによって自軍にもたらした得点」を指すものであり、どちらもチームへの貢献度を示すものとしては極めてまっとうなものに思える。

しかし、ビリー・ビーンはこうした常識に疑いの目を向けたのである。打率と打点は、偶然性に左右される要素が強いのではないか。たとえば、当たりが悪くても、たまたま野手がいない所にボールが飛べば、それは「ヒット」としてカウントされる。また多くの打点を上げられたのは、たまたま自分がバッターボックスに立った際にランナーがたまっていたからかもしれない。つまり、選手たちが学生時代に残したこうした数字が、その選手が「有望な選手」であるかどうかを表わしているとは思えないと疑ったのである。

打率や打点ならまだしも、当時のメジャーリーグのスカウトたちは、「あいつは球を打つ音がいい」「いいツラがまえをしている」といった主観や印象論で選手を評価し、高い報酬を提示し、別の選手を選択肢から外すことがあったのである。ビリー自身、超高校級選手として期待され、ドラフト1巡目の指名でニューヨーク・メッツに入団したにもかかわらず、まったくといっていいほど結果を残せずにユニホームを脱いだ経験があったからこそ、スカウトの主観や経験則があまり当てにならないことを、身をもって痛感していたのだ。

ビリーは、選手を評価する際に、従来のスカウトの「目利き」に頼ることをしなかった。そのかわり彼は、当時目覚ましい技術的進歩を遂げていたコンピュータによるデータ解析を重視したのである。

ハーバード大学経済学部卒のポール・デポデスタ（映画『マネーボール』では、なぜかイェール大学卒のピーター・ブランドに変わっている）をアナリストとして雇い、「そもそも優秀な選手」とはいったい何か、という点を徹底して分析していったのである。全米の選手たちが残した膨大な記録から、チームの勝利に貢献する数字とそうでない数字とを冷徹に峻別していったのだ。

分析の結果見えてきたのは、偶然の要素が絡まない、選手の純然たる力を測る数字だった。打者なら「出塁率」（とくに四球の多さ）、投手なら被長打率、奪三振、与四死球だった。

既に書いたように、シングルヒットは偶然の要素によってかなり左右されるが、攻撃でアウトにならない（出塁する）ことは勝利に直接的に貢献する。これは「ストライクゾーンをコントロールできること」であり、突き詰めて言えば、「選球眼（投手が投げた球がストライクであるかボールであるかを見極める力）」という能力に行き着く。

通常、野球選手は、自らが打率や打点で評価されることを理解しているから、とにかく球を打たなければならないと考える。バットを振らなければヒットを打つことはできないし、ヒットを打たなければ絶対に評価されない、と考える。この場合、首尾よくヒットが打てれば良いものの、同時に、アウトになるリスクも抱え込むことになる。アウトは、チームにとってマイナスでしかない。しかし、四球は違う。四球は、アウトになるリスクを冒すことなく塁に出る手段である。投手が投げる球を、一つの打席のうちに4回だけ見極めることができれば、チームの勝利に役立つことができる。冷静に考えてみれば、チームが勝つ上で出塁率が持つ重要性は理解できるはずだ。

にもかかわらず、ビリーやポールの取り組みが世に知れ渡るまで、打率や打点の高い選手が高く評価され、ボールを正確に見極める「選球眼」のある地味な選手は冷遇されていた。実際、ビリーが他球団の選手を探したところ、（データ分析が示す）本来のチームへの貢献に比べて、評価が低い（つまり、年俸が安い）選手が何人か見つかった。彼らの多くは既に選手としてのピークを過ぎていたり、ケガを抱えていたり、守備に不安があったりといった理由で不遇の扱いを受けていたのだ。

ところがこうした一見するとマイナスでしかない選手をも、ビリーやポールは積極的に採用し、やりくりによって問題を解消していったのだ。たとえば、極めて出塁率が高いにもかかわらず、腕にケガを負っており、本来のキャッチャーというポジションをこなせない状態であったスコット・ハッテバーグを、ほとんど送球をしなくても済む一塁手へコンバートするという条件で、強豪ボストン・レッドソックスから迎え入れたのである。その結果、ハッテバーグは、ケガに泣き不本意なシーズンを送ったボストン時代とは打って変わり、２００２年シーズンには、何と１３６試合に出場し、アスレチックスの20連勝に大きく貢献したのだ。

優秀さは創り出せる

「弱小アスレチックスが、データ分析に基づく新しい採用によって、ヤンキースのような巨人と優勝争いをするような強豪にまでのし上がった」というのが『マネーボール』のストーリーなのだが、さて、ここから私たちは何を学ぶことができるだろうか？

まず一つ目に、アスレチックスの成功の鍵が、緻密なデータ分析に基づき「自分たちのチームにとって優秀な選手とはいったい誰か」ということを、既存の価値観を排除し、とことん突き詰めた点にあるということだ。「チームの勝利に貢献するのは、実際のところどのようなファクターなのか」という点を、スカウトの勘や経験ではなく、徹底的なデータ分析によって洗い出し、選手の採用をその結果に基づいて行った。

これは本書で説明する、「科学的なエビデンス（証拠・根拠）」に基づく（evidence-based）採用であり、そうして導かれた「優秀さ」が、ヤンキースやレッドソックスのような強豪とまったく異なっていたために、そうしたチームと同一の選手をめぐって争うことなく、選手を採用することができたのだ。そう、採用は科学することができるのだ。

二つ目に、メジャーリーグの世界において「新しい優秀さ」を創り出したことだ。「足が速い」「守備がうまい」「長打が打てる」といったことが「優秀な」選手の条件であるという通説が信じられている中で、アスレチックスは、「出塁率」こそが、チームの勝利に貢献する最も重要なファクターであることを突き止め、そうした観点から選手のスカウティングを行った。

出塁率の高さというのは、選手の優秀さを表す数値として、それまでまったく評価されてこなかった。その意味でアスレチックスは、「優秀な選手」に関する新しい見方を提示したのである。もっといえば、「新しい優秀さ」を創り出したとすらいえる。採用によって「優秀さを探り当て、測る」というのが通常の理解であるが、他ならぬ採用によって「優秀さが創り出される」ということを、このケースは示している。映画『マネーボール』のビリー・ビーン役のブラッド・ピットはこう語っている。

「この作品は、私たちが物事をどう評価するか、お互いをどう評価するか、自分たちをどう評価し、それによって誰が勝者だとみなすのか、ということに関わっている」（2011年9月エマニュエル・レビー氏によるインタビュー）

三つ目は、この偉業を成し遂げたのが、強豪ニューヨーク・ヤンキースでもボストン・レッドソックスでもなく、弱小球団のアスレチックスだったということだ。ヤンキースやレッドソックスがもつ資金力は、確かに強力だ。「しかし」とビリーは語る。

「あなたが4000万ドル持っていて、野球選手を25人雇おうとしています。一方、あなたの敵は、既に1億2600万ドル投資して25人の選手を雇っており、あとさらに1億ドルのゆとりを残しています。さて、あなたがこの敵と戦って、みっともない負け方をせずに済ますためには、手元の4000万ドルをどのように使えばいいですか。どう考えても、ヤンキースの真似はできない。もしヤンキースと同じやり方をしたら、必ず負けてしまう。向こうには3倍の資金があるんだから」

（『マネーボール』より）

ビリーは、ヤンキースとは違うやり方を選んだ。そしてその結果、ヤンキースを凌駕したのだ。いわば採用のやり方の「デザイン」を変えることで、採用資金において圧倒的に劣るチームが、それに勝るチームを凌駕したのである。

本書の重要なメッセージの一つでもあるのだが、資金力に乏しい、無名の弱小チームや中小ベンチャー企業が、時に、資金力があって有名な強豪チームや大企業を凌駕するのが、採用の世界なのだ。

そして最後に、採用のやり方に唯一最善の解は存在しない、ということだ。小説化され、映画化された『マネーボール』は、日米で大きな反響と議論を呼んだ。数多くの野球評論家（自称も含めて）が、議論を戦わせているのだが、どちらかといえば、本国アメリカでも、アスレチックスのような「地味な」選手を採用して、「動かない野球」を行うという戦略、得意なコースのボール以外には手を出さないという戦略を、「無策で無能」だと評価する傾向が今でも根強いようだ。歴史と伝統で塗り固められた野球界において、『マネーボール』の主張はあまりにも突飛だったということもあったかもしれない。

しかし、ここで重要なのは、アスレチックスの採用が良いのか、ヤンキースのやり方が良いのかという点ではない。ビリー・ビーンが出塁率を重要視した採用を行ったのは、それが強いチームを作り上げる最も優れた、唯一のやり方だったからでは決してない。それを２０１６年現在の同チームが真似したからといって、同じような成功を収めるとは限らない。

『マネーボール』が広く世界に浸透した今となっては、出塁率に注目することはどのチームにとっても当たり前のことになってしまった。たとえばセオ・エプスタインGM（当時）率いるボストン・レッドソックスのように豊富な資金力を誇るチームさえもが、アスレチックスの手法を模倣している。こうなると、もともと資金力に乏しいアスレチックスは、自分たちのチームにとって魅力的な選手を安価で獲得することが難しくなる。事実、2000年代後半から、アスレチックスの成績は低迷している。『マネーボール』の成功は、まだ他のチームが出塁率という基準を軽視していた2000年代はじめという時代、選球眼に優れた打者を安価で獲得することができた2000年代はじめという時代に、資金力に乏しかったアスレチックスだからこそ有効に機能した採用戦略だったのだ。

採用を科学的に考えよう

さて、長々と野球の話を書いてしまったが、ここから「採用」の話をする。ある程度知名度のある企業が新しい採用の仕方を導入して、その是非を巡って議論が起こる……という現象は、日本の採用シーンにおいてもしばしば起こる。

たとえば2014年、ニコニコ動画でおなじみのドワンゴがユニークな採用をはじめたことが、大きな話題となった。15年卒の新卒採用から求職者に対して2525円の受験料を徴収する有料方式（ただし、東京、神奈川、埼玉、千葉の1都3県在住者限定）をはじめた。これが読売新聞や日本経済新聞などの全国紙、各種インターネットニュースで報道されたこともあり、各方面からさまざまな批判と称賛、賛否入り乱れた議論が飛び交うことになった。（注1）

また、岩波書店が２０１３年卒採用において、「岩波書店の著者の紹介状あるいは岩波書店社員の紹介」を応募要件とした時にも、またファーストリテイリング傘下のユニクロが「採用時期を通年とし、選考する学年も問わない」という「大学1年生採用」を導入した時も、同じように賛否入り乱れる議論となった。

採用をめぐって、こうした議論が起こること自体は、大いに歓迎されるべきだと思う。ドワンゴの意図もおそらく、「現在の採用活動の問題について、議論を巻き起こすこと」にあったのだと思うし、その意味では大いに成功したのではないかと思う。

残念なのは、日本の場合、こうした「ユニークな」採用に関する議論の多くが、単なる「バッシング」あるいは表面的な「称賛」に終わっていることだ。もちろん、どんなにすばらしい新しい採用方法であっても、ある程度の「バッシング」は避けられないのかもしれない。影響力のある企業の動向に対して、社会の側から議論が起こり、時にそれを批判したりするという姿勢そのものは望ましいし、健全でもある。

残念に思うのは、むしろそれらを「称賛」する側の態度だ。これまで著者は、イベントや研究会、書籍、インターネット記事など、採用に関わるさまざまな場所に首を突っ込んできたが、その多くの場合において、新しくてユニークな採用を実施している企業の事例に耳を傾け、その新しさやユニークさに感動し、共感するビジネスパーソンの姿を目にしてきた。しかし実際には、ある企業の事例に興味を持ち感動することと、それを自社の問題としてとらえ、参考にすることとの間には、大きなギャップがある。

たとえばドワンゴのケースでいえば、同社には「エントリー段階で受験料を課すことで、エントリーのハードルを意図的に引き上げ、本気の学生だけがエントリーするようにする。そうすれば、企業としても膨大な数のエントリーシートをほぼ機械的に篩《ふる》い分けるようなことはしなくても、同社にとって望ましい人材をエントリー時点で確保することができるし、学生としても、無駄にエントリー数を増やすような愚を避けられる」というロジックがある。さらにいえばその背景には、「受験料を課したとしても、ある程度エントリーを期待できる企業である」という前提がある。表面的な事実以上に、こうしたロジックと、各企業がもつバックグラウンドが重要なわけだ。

ところが、イベントや研究会、そしてメディアを通じて社会に伝わる段になると、「ドワンゴが求職者に対して受験料を課すらしい」「良い人を採用することができたらしい」という、表面的な事実だけが独り歩きし始めてしまう。しかも、その事例が真新しく、ユニークであればあるほど、そうした傾向が強くなるのだから皮肉なものだ。

本書では、こうした「バッシング」と安易な「いいね!」を超えて、会社が採用という活動について深く考えるための切り口を紹介したいと思う。具体的には、

科学によって導かれた良質な（1）「ロジック（ものごとの成り立ちに関する説明）」と、（2）「エビデンス（データの分析によって明らかにされた、ものごとの実際に関する証拠・根拠）」を紹介すること、それをもとに、（3）自社の採用を見直し、再構築するための「考え方」を、皆さんにお届けすることを目指す。

採用とはどのような活動であって、そこにはどんな課題があるのか。世界の採用研究ではどのようなことがわかっていて、それは日本の採用にとってどんな意味を持っているのか。そして何より、採用の課題を克服し、各企業はどのように自社の採用を行えばよいのか。そういったことを、読者一人一人が考えるための、ガイドブックとなることを目指している。

念のためお断りしておくが、この本には、「募集情報にはこんなことを書いておけ！」「面接ではこれを聞いておけ！」というような、安易な「ノウハウ」や「普遍解」は、いっさい書かれていない。

この分野の研究者としてあえて断言するが、採用の世界にそんなものは、ない。もし仮にそんなものがあったとしても、それは他社によってたちどころに模倣されてしまうだろうから、結局それは自社の強みでも何でもないことになる。『マネーボール』も「２５２５円受験料」も、採用における一つの解ではあるが、すべての企業に当てはまる「普遍解」では決してないのだ。

各企業にとっての最適な「解」は、結局、その企業が自分自身で導き出すしかない。そして、企業がそのような「解」を（場合によっては、コンサルタントなど外部の力も借りながら）みずから導き出すための材料となる、「ロジック」と「エビデンス」を提供することこそが、経営学であり、私が構想している「採用学」の使命なのだ。

ここまで読んできて、「採用学」に、自社で使える「普遍解」を期待していた読者の皆さんは、少し落胆なさったかもしれない。結局、ここに答えはないのか、と。でも、こう考えてみてはどうだろうか。先に述べたように、一見すると「普遍解」に見えるもの（たとえば、『マネーボール』

や「2525円受験料」は、状況や環境の条件が変わればたちどころにその有効性が失われるが、その背後にある「論理」（たとえば、データ分析に基づき、自社の業績アップに貢献する能力を導き出し、他社が求めていない人材を特定する、という論理）の有効性は、そう簡単には揺るがない。状況や環境の条件の変化に関わらず、良質の「論理」や「データに基づく根拠」は、私たちの意思決定を力強く支えてくれるはずだ。そしてそうした「ロジック」や「エビデンス」をもとに、自社が置かれた状況や環境の条件を考慮しつつ、具体的な実践を紡ぎだす能力こそが、企業の強さに他ならないのではないだろうか。

本書の構成について簡単に説明しておこう。

まず第1章では、採用活動とは一体どのような活動なのか、ということについて考えたい。採用活動を定義し、それがどのような活動から構成されているのか、「良い採用」というものがあるとすれば、それはどのようなものか。こうした点について、あえてしっかりと考えてみる。

第2章では、日本の採用の歴史と、その結果としてたどり着いた現在の採用の姿、その問題について概観する。日本企業の採用とはどのような特徴を持っており、それはどのような歴史的な背景から現れてきたのか、そこにはどのような課題が存在しているのか。この辺りについて、私見も交えつつ考えてみたい。

第3章と第4章では、第2章で指摘した課題を克服するのに役立つ、科学の知見を紹介する。採用の実践に役立つことが書いてあるので、実践へのヒントを知りたい人はこちらから読んでいただいてもいい。

第3章では、企業へのエントリーから内々定の受け入れに至るまでの、求職者の意思決定に関する研究を紹介する。その間、求職者たちは何に迷い、何に注目し、どのような意思決定を行うのか。それに関して、今の科学はどこまで迫ることができているのか。日米欧の科学の知見を紹介する。

第4章で紹介するのは、「選抜」の科学だ。目の前にいる求職者が、自社にとって必要な能力をどの程度持っているのか。それを見極めるためには、どのような手法を用いれば良いのか。たとえば面接と紙ベースの適性検査とでは、優秀さの予測力がどの程度異なるのか。さらに、わが社において選抜を行うために、具体的にどのようなことを考えれば良いのかというところまで含めて、科学の知見をもとに考えていく。

続く第5章では、日本企業の採用の最新の動向を追いかけていく。日本経済団体連合会（経団連）によって、2016年卒採用から新卒採用の時期を繰り下げる「採用選考に関する指針」が発表され、日本企業の採用は大きな曲がり角に差し掛かっている。ここではこうした大きな制度変更を背景に、日本企業各社がどのような反応を示したのか、大胆な採用フロー（工程・プロセス）の変更が起こったのか、それとも各社がかえって保守的な行動をとってしまったのか、といったことを確認する。その上で、ここ最近の間に、少数ではあるが確実に起こりつつある、「採用のイノベーション（変革）」事例をデータを示しつつ紹介する。

最後に第6章では、本書の内容を総括する形で、企業が人材を採用する力（採用力）とは一体なんなのか、という点について考えてみたい。採用力は、企業の知名度や採用予算規模、企業の大きさだけではなく、実に多様なファクターによって決定されるものである。そして、こと採用に関して言えば、知名度や資金力に劣る企業が、それに勝る企業を凌駕するということが、十分に起こりうる。そういったことを考えつつ、日本の企業から採用のイノベーションを起こすための道のりを探ってみたい。

随分と前置きが長くなってしまった。そろそろ、採用学の旅を始めよう。

（注1）ドワンゴのＨＰによると、この採用方針の発表後、厚生労働省から同社に対して、制度の主旨などに対するヒアリングが行われ、２０１４年2月中旬に、「職業安定法　第48条の２」に基づき、来年以降の受験料徴収の自主的な中止を求める旨の「助言」を受けたらしい。「他の企業へと波及することで、学生に対して不利益が生じる可能性がある」というのが、厚生労働省のロジックだった。あくまで「助言」であり、書面等の受領はなかったようだ。

第1章　「良い採用」とは何か？

なぜ新人が必要なのか？

本書では、科学によって導かれた良質な「論理（ロジック）」と「データに基づく証拠（エビデンス）」、そしてそれをもとに、自社の採用を見直し、再構築するための「考え方」を紹介していく。それに先立ってこの章では、そもそも採用とはどのような活動なのかという根本について改めて考えてみたいと思う。以降の部分を読み解くための、いわば土台となる部分だと思っていただければいい。長年採用に携わってきた方、採用ビジネスをしている方にとっては、「当たり前」のことも多いかと思うが、以下の各章を読みこなすための準備だと思って、しばしお付き合いいただきたい。

企業はなぜ人材を採用するのか――それには、少なくとも二つの理由がある。

一つ目は、企業が設定した目標と経営戦略を実現するために、ある時点で不足している、あるいは将来の時点で不足すると予想される人材を獲得する、というものだ。中途採用の場合には、既にある程度の職務能力を身に着けていることが前提とされ、採用時点で「何ができるか」ということが問われる。他方、新卒採用の場合には、採用時点でなんらかの職務能力を身に着けていることが期待しにくく、そのため「何ができるようになるのか」ということが問われる。こうした違いはあるけれども、どちらも目標や戦略の実現にとって必要な人材を確保するということが、企業が行う採用活動のもっとも基本的かつ重要な理由であることに変わりはない。

二つ目は、職場や組織の活性化だ。経営学の古典的研究では、集団は「緩んでいく」ことが報告されている。特定の組織や職場に同じメンバーが長期にわたって所属しつづけると、人々の間の活発なディスカッションや情報交換の頻度が下がり、外部に対して閉塞的になり、人間関係における緊張感がなくなり、時間とともに、メンバー同士の間に慣れが生じ、本来必要なコミュニケーションまでもがおろそかになっていくという。おまけに組織や集団というのは、「異質な人よりも同質的な人」「価値観や考え方の違う人よりも似た人」、そして「目標の異なった人よりも共通の目標を持った人」を好む傾向があるため、時間とともにメンバーは少しずつ均質化し、当初あった良い意味での緊張感や活発なやりとりが、少しずつなくなっていく。

このように「慣れ」や「同質化への圧力」によって均質化した集団は、メンバーにとって居心地の良さをもたらすが、他方でその集団から、活発な意見交換やディスカッションのために必要な緊張感を奪っていく。新しいメンバーの加入は、職場や組織に対して緊張感と新しい息吹を吹き込むことで、閉塞感と硬直性を打ち破る役割を果たしてくれる。これが、企業が採用を行う二つ目の理由だ。

つまり採用とは、「①企業の目標および経営戦略実現のため、②組織や職場を活性化させるために、外部から新しい労働力を調達する」活動といえる。

良い採用、悪い採用

以上を踏まえると、「良い採用」とは何かということについても、おのずと理解できる。

まず、企業の目標と戦略の実現に近づくためには、当たり前のことだが採用されなかった人に比べて高い仕事成果をあげるような人材を採用しなければならない。もちろん、採用されなかった人と実際に採用された人の仕事成果を比較することは、現実には難しいのだが、少なくとも、求職者の中からランダムに「候補者群」（コラム1参照）を集めて社員を採用した場合に比べて、自社が採用した人材の優秀さの平均が高くなければ、採用活動をする意味はまったくない。ランダムに採用した場合に比べて優秀な人材を採用できるからこそ、採用にかける多大なコストも正当化されるわけだ。したがって良い採用の一つ目の基準とは、「求職者をランダムに採用したときに比べて、将来の時点でより高い仕事成果を収めることができる人材を獲得できているかどうか」ということになる。

もちろん、高い仕事成果を収める人を採用することだけが、「良い採用」の唯一の基準ではない。高い成果をあげるような優秀な人材は、他社への転職機会にも恵まれているだろうし、本人もまたそのことを自覚していることが多いはずだ。いくら高い成果をあげたとしても、すぐに他社へ移ってしまったのでは、採用にかけたコストは回収できない。

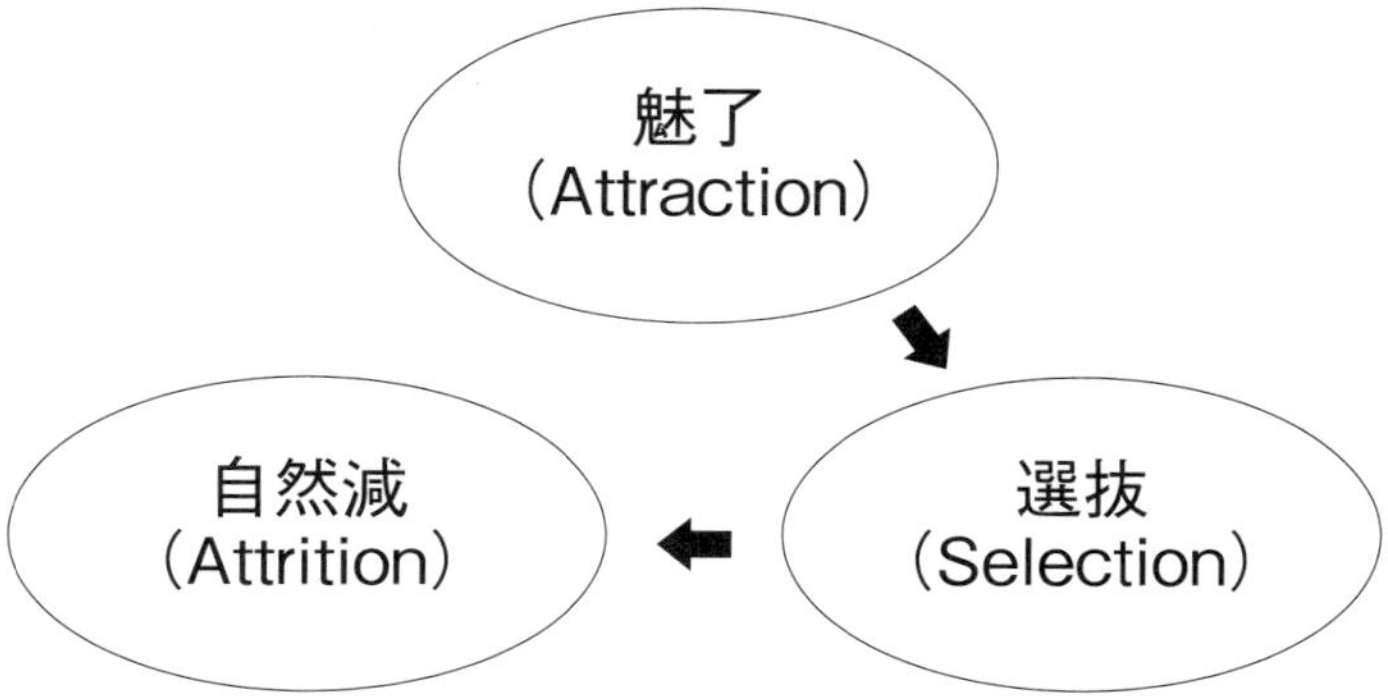

【図1-1】　ベンジャミン・シュナイダーのA-S-Aモデル。

企業としては、その人材を会社へとコミットさせ、ある程度の満足を感じてもらうためにはどうすればよいかという観点からも、採用活動をデザインしなければならない。そこで良い採用の二つ目の基準として、「求職者をランダムに採用したときに比べて、人材が企業へとより強くコミットし、高い満足度を得て、中長期的に企業にとどまるかどうか」ということがあげられる。

組織や職場を活性化するためにどのような人材を採用する必要があるか、という問題についても考えなければならない。アリゾナ大学のベンジャミン・シュナイダーによれば、企業がどのような文化や雰囲気、そして慣行をもつかということは、そこにどのような人々が「魅了」され（Attraction）、「選抜」され（Selection）、そして「自然減」されるか（Attrition）によって大きく影響されるという。頭文字をとって、A－S－Aモデルなどと呼ばれることが多い（【図1－1】）。

第3章で詳しく述べるが、企業にエントリーする求職者は、その企業の経営者や採用担当者、リクルーター、そこから類推される企業の文化や雰囲気などに惹かれて、エントリーを決断することが多い。説明会や選考会で出会った採用担当者（企業の中で採用業務に従事し、それに責任を持つ者）や経営者、リクルーター（採用の補助業務にあたる者。採用担当者をサポートし、説明会場などの設営、学生との面談などを行う）の言動から、自分が求める「何か」がそこにあると感じた時、求職者はその企業に惹かれ、エントリーすることになる。そのため、エントリーしてくる求職者の中には、どうしても、その企業の既存のメンバーと似たような気質、価値観、思考パターン、あるいは少なくともそれらと調和するような気質、価値観、思考パターンをもった人が、多く含まれることになる。これが、最初に述べた「魅了（Attraction）」である。

次に、エントリーしてきた「候補者群」に対して面接や適性検査による選抜が行われるのだけれど、そこでは組織の価値観や思考パターンに合致する人々が、より高い評価をうけ、採用されやすい。反対に、その企業になじまない気質、価値観、思考パターンをもった人々は、採用の過程でネガティブに評価され、排除されやすくなる。その結果、企業は、ただでさえ均質化した「候補者群」のなかから、さらに均質化した人々をピックアップすることになるわけだ。これが「選抜（Selection）」のメカニズムである。

もし仮に、何かの具合で、企業の既存のメンバーとは異なった気質、価値観、思考パターンをもった人が企業に入ったとしても、入社後に時間をかけて行われる「社会化」（組織へと馴染ませる一連のプロセス）、そして昇進における選抜の中で同化され、あるいは排除されてしまうことだろう。会社の雰囲気になじまない人は、会社になじむように必死に適応しようとするか、さもな

【表1-1】 採用の目的と良い採用の基準

採用の目的		良い採用の基準
①企業が設定した目標と経営戦略を実現するために、不足している（将来時点で不足すると予想される）分の人材を獲得すること	→	①ランダムに採用したときに比べて、将来の時点でより高い仕事成果を収めることができる人材を獲得できているかどうか ②ランダムに採用したときに比べて、人材が企業へとより強くコミットし、高い満足度を得て、中長期的に企業にとどまるかどうか
②新しい人材の獲得によって、職場や組織を活性化させること	→	③採用活動を行わなかった場合と比べて、組織を構成するメンバーに多様性が生じ、結果として組織全体が活性化しているかどうか

ければ、辞めてしまう。この「自然減（Attrition）」をもって、シュナイダーのいうA－S－Aモデルのサイクルは完結する。

このように募集の段階で企業の内部者に似た人々が惹きつけられ、その人たちが採用活動において選抜され（そうでない人々が排除され）、組織における昇進の階段を上っていく。こうしたメカニズムがあるからこそ、時間の経過とともに人々が流動しても、組織は組織らしくあり続けるのだが、見方を変えれば、これは採用によって組織が同質化し、硬直化し、閉塞的になっていくメカニズムでもある。既に述べたように、同じ場所に、同じメンバーが長期間、居続けることで、組織や集団からは緊張感が失われ、緩みが出てくるのだから。

したがって企業としては、このような同質化、硬直化、閉塞化を打ち破るために、採用する人材の気質、価値観、思考パターンを意図的に分散させ、人材の多様化を図っていく必要がある。そこから導かれる良い採用の三つ目の基準とは、「採用活動を行わなかった場合と比べて、組織を構成するメンバーに多様性が生じ、結果として組織全体が活性化しているかどうか」ということになる（【表1―1】）。

採用活動の流れ

ではこのような目的を達成するために、企業が行っている採用活動とは、具体的にどのようなものなのだろうか。ここでは企業の採用活動を、活動の時間的な流れと、そこで行われているマッチング（企業と求職者の間で折り合いがつくこと）の中身という二つの観点からみてみたいと思う。

（1）募集段階――企業と求職者の「出会い」のフェーズ

〈採用は求職者による企業の選択から始まる〉

日本においては、多くの求職者たちが、リクナビやマイナビといった就職情報サイトを活用している。就職情報サイトがオープンするやいなや、採用側の企業はそこに当該年度の学生を対象とした募集情報を掲載し、同時に、各企業のホームページや求人情報誌など、その他のチャネルを通じて同様の情報を発信することになる。そのほかにも、大学の就職部（課）、大学の研究室（ゼミナール）を通じた募集、学生職業総合支援センターやハローワークを通じた募集など、多様なルートがあるが、多くの求職者に利用され、かつ役立ったという実感を持たれているのは、や

はりリクナビやマイナビを中心とした就職情報サイトであるようだ。(注2)

さてちょうど同じころ、求職者である学生たちも、就職情報サイトにおいて、自分たちの情報を登録することになる。学生たちは、就職情報サイトをはじめとするさまざまな情報源から、またセミナーや説明会を通じて、募集企業に関する情報を収集し、閲覧し、企業に対するエントリーの意思決定を行う。場合によっては、企業が提供する製品やサービス、経営者の認知度、また学生たちが企業に対して抱いている企業イメージなども、重要な意思決定の材料になることだろう。このあたりのことは、第3章で詳しく取り上げる。

こうして、採用活動は企業が提供する募集情報をきっかけに、求職者がその企業へのエントリーをするかどうかという意思決定を行うことから実質的にスタートする。これが募集段階だ。企業と求職者が出会うフェーズといってもいい。

重要なのは、この段階では、意思決定の主導権はどちらかといえば求職者側にあるということだ。企業がいかに、お金をかけた選抜を用意しようが、趣向をこらした面接を設計しようが、そもそもそうした選抜の対象となる候補者群が、その企業の採用にエントリーしてくれなければ意味がない。採用活動においては、「企業が求職者を選ぶ」よりも前に、「求職者が企業を選ぶ」ことがまず行われているといっていいだろう。詳しくは第3章で解説するが、この段階で企業は、募集情報の内容や分量、メディアの選択を通じて、(1)自社にとって必要な求職者がエントリーしてくれるように求職者を惹きつけることと、(2)自社にとって必要ない求職者がエントリーしないように排除することを、同時に行うことになる。

〈募集とは「出会いをコントロールすること」〉

募集段階では、企業側が提示する募集情報をきっかけに、

①自社に関心を持ち、エントリーをする意欲を持つ求職者

②自社に興味を持たない求職者

③（就職先候補としての）自社の存在を知らない求職者

の三者が、生みだされる。

この段階で企業が目指すのは、①の中で自社にとって魅力的な求職者だけをエントリーさせること、②の中で自社にとって魅力的な求職者を振り向かせ、エントリーさせること、そして③の求職者に対して自社の存在をアピールすること、である。誤解を恐れずいえば、募集段階の本質は、企業が提供する情報によって、求職者との出会いをいかにコントロールし、魅力的な候補者群を作り出すか、ということにある。

ではそもそも、企業にとって魅力的な候補者群とはどのような集団を指すのか。それには、少なくとも二つの観点があると思う。

一つは、その企業で働くにあたって必要となる能力を持ちあわせ、また企業に対して適切な期待を持った候補者が、できればもれなく含まれている状態だ。極端な話、選抜対象となる候補者群に、企業にとって魅力的な求職者がいなければ、いかに優れた選抜手段を準備したとしても意

味がない。また反対に、候補者群に含まれる求職者が、すべて企業にとって魅力的な求職者であれば、その後のプロセスに多少の問題があったとしても、満足のいく採用を行うことができる。候補者群の中に、適切な人材がどれだけ多く含まれているかということが、募集におけるもっとも重要な問題なのだ。

もう一つは、企業にとって魅力的でない候補者が可能な限り少なくなっている状態だ。やや極端な例だけれど、100名の募集に対して1万人のエントリーがあって、その候補者群の中に極めて優秀な人材がちょうど100名だけ含まれているような場合と、500人のエントリーの中に優秀な人材が100名含まれているような場合とを比べてみよう。企業にとって必要な人材がもれなく含まれているという点でいえば、両者にはまったく違いはない。募集というフェーズだけを考えれば、どちらも「成功している」ようにみえる。違いはむしろ、次の選抜のフェーズにおいて顕在化する。

前者の場合にも後者の場合にも、採用担当者は、1万人あるいは500人の中から優秀な100名を誤って落とさないように配慮しつつ、おそらくエントリーシートやペーパー試験、Webテストのような形で、残りの9900名あるいは400名を落とさなくてはならない。ただし、前者と後者とでは、選抜において担当者がこなさなくてはならないエントリーシートや面接の数、それに伴うコスト、より重要な問題として、候補者1人当たりにかけることのできる時間とコストにおいて、大きな差が出てくる。このように、募集のフェーズにおける人数の絞り込みは、その次の選抜のフェーズに大きく影響するのだ。

既に述べたように、自社にとって魅力的な候補者群を形成できるかどうかは、そもそもどのような求職者たちがその企業の情報を目にし、惹かれ、エントリーしてくれるかということにかかっている。

（2）選抜段階──企業と求職者の「相互評価」

募集に続く二つ目の段階が選抜だ。募集段階で出会った求職者の候補者群について、エントリーシートや履歴書、適性検査や面接などを通じて、自社の社員として相応しい人を選び、内定を出すのが主たる目的だ。

日本企業が選抜に用いる代表的なツールは、以下の通りである。

①エントリーシートや履歴書など

職務経験者の採用においてはもちろん、新卒者の採用においても、企業への志望動機や学生自身の活動に関する記述などを記載した書類が用いられる。

②適性検査

知的な能力を測定することを目的とした能力検査、性格的特徴を測定することを目的とした性格検査などがある。パーソナリティ理論など、主として心理学のフレームワークをバックグラウンドに持つものであり、その多くが計量的な測定による客観的な測定を志向したものだ。欧米では「認知能力テスト（cognitive ability test）」と呼ばれ、論理性、読解力、言語的数学的推論、空

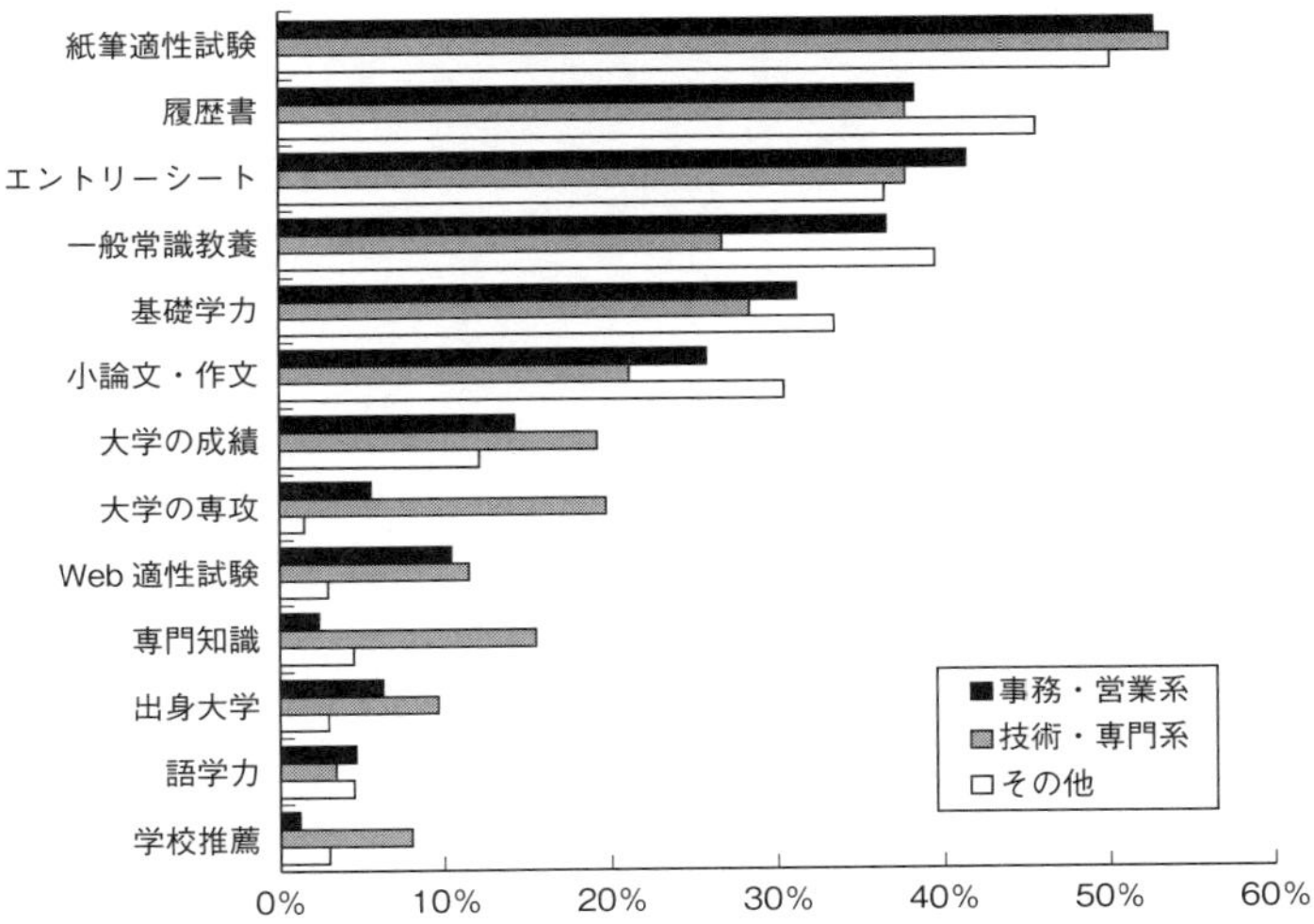

【図 1-2】 日本企業が用いている選抜ツール。面接に先立つ応募者の選抜について、各企業が特定の選抜手法を用いているかどうかを集計したもの。パーセンテージは、全体のうちそれを用いている企業の割合を表す。労働政策研究・研修機構『大学生の就職・募集採用活動等実態調査結果 I』（2006）より

間認識能力などの知覚能力などが測定されることが多い。

③グループ面接

主として、コミュニケーション能力、対人関係能力を測定することを目的とした手法。求職者を数人の小グループに分け、特定の課題を与え、ディスカッションや集団作業をさせ、それを評者が観察評定する方式をとることが多い。適性検査では測定が難しい能力を、実際の人間関係の中で測定しようとするものである。

④面接

上記の①②によるスクリーニング、また③の結果を受けて、求職者の人格や職務遂行能力、企業との適合性を総合的に判断することを目的とした手法。面接において求職者に対して質問する

内容を、事前に周到に作りこんでおく「構造化面接」、質問の内容を面接中の求職者の回答や話の流れに合わせて柔軟に変更する「非構造化面接」などがある。前者は、面接の手順や質問内容を標準化し、面接官による主観の入りこむ余地を可能な限り排除することを目的としたものだ。

これらのツールのうち、どれをどの程度活用するかについては、企業によって実にさまざまである。ただ、エントリーしてきた求職者が面接段階へと進む前に、エントリーシートやＷｅｂ上での適性試験のような非対面式の選抜ツールを使って絞り込むことが多いようだ。具体的に、日本の採用において特に利用されているのが、紙ベースでの適性試験や、履歴書、エントリーシートといったものである（【図1-2】）。

日本企業の採用、とりわけ新卒採用においてはあまり用いられていないが、欧米の企業では次の⑤以下のような手法も一般的に用いられている。これらがそれぞれ、どの程度入社後の業績を予測するのかという点については第4章で取り上げるとして、まずは選抜手法のラインナップだけご覧いただきたい。

⑤ワークサンプル

実際に仕事をさせ、その成果を評価するもの。機械の修理をさせたり、プロジェクトの計画立案をさせたり、その求職者が実際にすることになる仕事のサンプルを用意し、実際に従事させ、その成果を見ることで優秀さを検出することを目的としている。

岡山県倉敷市にある倉敷中央病院では、２０１５年8月に実施した研修医の試験から、米一粒大の寿司を握ったり、15ミリ四方の紙で鶴を折ったり、といった実技試験の導入を行っている。

極めて高い「集中力」や「諦めない心」が求められる医療の世界においては、学業における優秀さ以上に、実はこうした能力が求められるのであり、それを検出するためには、たしかにこうしたワークサンプルが有効だろう。

あるいは教員採用の場合であれば、求職者に事前に講義のテーマを与えておいて、面接者に対して実際の講義を披露してもらい、模擬講義のでき具合と、その後の質疑応答の的確さによって求職者を評価する、というようなことがしばしば行われる。欧米の企業では一般的に行われている手法であり、業績の予測力もかなり高いことがわかっているが、採用時点で求職者をどの業務に従事させるかが明確になっていない日本企業においては、ワークサンプルを実施することが難しい。ただ、近年、多くの企業が実施し始めている「インターンシップからの採用」の中には、ワークサンプルと重なるものもある。

⑥職務に関する知識テスト

職務に求められる知識を体系的に把握しているかどうかということを、テスト形式で評価するもの。ITエンジニアがもつプログラミングの知識を確認する場合のように、主として技術系の職務に従事する求職者を対象に行われる。

⑦シチュエーショナル・ジャッジメント

将来のパフォーマンスを予測するために、具体的な状況における求職者の意思決定のあり方を測定する方法。しばしば用いられるのは、何らかの意思決定を求められるような短いシナリオを読ませて、そこにおいて最も妥当と考えられる判断・行動を回答させ、その回答を選択した理由を尋ねる、という方法。論理性、読解力、言語的数学的推論、知覚能力といった認知的な能力というよりは、具体的な状況における判断力のような、非認知的なスキルを測定することが目的。

⑧アセスメントセンター

候補者の能力や資質を多角的に評価する方法。主として管理者の能力を評価する方法として用いられるが、採用の場面でも、とりわけ中途採用の場合などに用いられている。具体的には、求職者に求める能力や適切な行動を事前に定義しておき、候補者がそれらをどの程度もちあわせているかということを、グループ・ディスカッションやロール・プレイ（グループ内でどのように行動するか）、能力テストや心理テスト、そして構造化面接など、複数のセッションによって評価する。

〈選抜とは「既知の情報に基づいて、人材の優秀さや魅力度を推測すること」〉

募集段階で出会った求職者の中から、以上のようなツールを用いて、自社の社員として相応しい人を選びだすのが選抜という活動だ。募集段階をうまく設計したとしても、候補者群の中には、企業にとって魅力的ではない求職者がどうしても含まれてしまう。そこで企業としては、候補者の中から、自社にとって優秀で魅力的な候補者を選りわける必要があるのだが、この選抜という作業がなかなか難しい。なぜかといえば、少なくとも二つの理由があるからだ。

一つ目の理由は、企業側と求職者側の間に、情報のギャップ（非対称性）があるためだ。何らかの形で「優秀さ」や「魅力度」を定義できたとしても（実は、それ自体が極めて難しい。この点については第4章参照)、それを判断するだけの十分な情報を企業が手にできるとは限らない。企業に自分を売り込みたい求職者は、自分自身をより良く見せようという動機を強く持っているから、ES(エントリーシート)や面接などで彼(女)らが発する言葉をどこまで真に受けていいのか、わからない。したがって面接や適性試験によって測定されるものと、企業が知りたい「優秀さ」や「魅力度」とが、本当に一致しているかどうか、わからないのである。そのため、企業としては、ESや履歴書の記載内容、適性試験の結果、面接でのやりとりなどの断片的な情報をつなぎ合わせ、総合的に、求職者の優秀さなり魅力度なりを推測していくことになる。

二つ目の理由は、そもそも採用時点でその人材の優秀さを直接確認することはできない場合が多い、ということだ。プロ野球選手を採用する場合であれば、他のチームでの成績を参考に自チームでの活躍を予測することができるわけだが、企業における採用の場合、とりわけ新卒採用の場合、その人が本当に優秀であるかどうかということを、採用時点で完全に知ることはできない。新卒採用の場合、会社の中で仕事をした経験がないのだから、実際に優秀な人材であるかどうかなど、本人ですらわかっていないだろう。したがってこの場合も、企業は、採用時点で手に入る断片的な情報から、採用担当者の経験や勘、あるいは科学的手法などを総動員して、「優秀さ」や「魅力度」を推測していることになる。

このように「既知の情報に基づいて、人材の優秀さや魅力度を推測する」しかないということが、選抜の本質的な難しさだといえる。この点については、第4章であらためて解説したい。

（3）定着

最後の段階が定着。時間をかけて選抜し、内定を出した候補者に逃げられてしまっては意味がない。またせっかく採用したとしても、短期間で離職してしまったり、職場に馴染めず仕事成果をあげられなかったりするのも、困りものだ。そこで企業としては、ただ人を採用するだけでなく、その人が企業の内定を受け容れ、入社し、さらにそこで活躍できるようになるまで、気を使ってあげる必要がある。

では、それに関して採用担当者はどこまで関与する必要があるのか？　採用担当者の役割は、いったいいつ終わるのか？　これは、非常に難しい問いだ。採用担当者にたずねてみると、「上位の大学から一定数の学生を採用するまで」だと答える人もいれば、「3年後にしっかりと業績をあげる人材に成長するまで」と答える人もいる。

この点に関して、私が日本企業150社の採用担当者を対象に行った調査結果が【表1-2】である。この調査では、企業の採用担当者に対して、「採用担当者として、あなたはどのような基準で評価されるか」ということをたずねている。具体的には、「十分な数のエントリー数を確保」すること「人材の多様性を確保」することといった13の基準一つ一つについて、それが採用担当者としての評価項目として重要である程度を、「1．まったく重要でない」〜「3．どちらともいえない」〜「5．非常に重要である」の5段階で回答してもらい、その平均値を全回答者と企業規模別での2種類、計算している。

これを見ると、企業規模に関わらず、日本企業の採用担当者の評価基準として重視されている

【表1-2】 採用担当者は、何で評価されるか？
日本企業150社の採用担当者に、自分たちがどのような基準で評価されているかということをたずねたもの。スコアが5に近いほど、自分の評価基準としてその項目が重要であるということ、1に近いほど、それが重要でないことを表す。

	全体平均値	企業規模100名以下企業平均	企業規模101-500名企業平均	企業規模501-1000名企業平均	1001人以上企業平均
十分な数のエントリー数を確保	3.25	3.43	3.03	3.44	3.38
選考中に求職者がドロップアウトするのを抑制	2.97	3.18	2.77	3.04	3.15
内定辞退者数を抑制	3.68	3.54	3.56	3.88	3.88
早期離職者数を抑制	3.82	4.00	3.58	4.16	3.88
採用人数と採用計画を一致させる	2.84	2.54	2.79	2.88	3.18
採用過少（採用予定人数よりも実際の採用者数が下回ること）を回避	3.12	2.86	3.14	3.08	3.35
採用過剰（採用予定人数を実際の採用者数が上回ること）回避	2.84	2.36	2.92	3.12	2.85
ターゲット校からの採用	2.37	2.21	2.18	2.80	2.56
社風に馴染む人材を採用	4.04	4.25	4.00	4.04	3.94
高業績をあげる人材を採用	3.88	4.00	3.71	4.08	3.97
人材の多様性を確保	3.18	2.93	3.15	3.36	3.29
ライバル企業に優秀な人材を奪われることを回避	2.44	2.36	2.35	2.60	2.56
採用関連経費を抑制	3.32	3.57	3.26	3.20	3.32

のが、「社風に馴染む人材を採用」すること（全体平均値5点満点中4・04点）であり、その次が「高業績をあげる人材を採用」すること（3・88点）、以下、「早期離職者数を抑制」すること（3・82点）、「内定辞退者数を抑制」すること（3・68点）と続く。

一見すると、「日本企業の採用担当者は、内定辞退数の抑制のように採用活動期間中にわかる成果だけでなく、入社後の業績や離職など、採用活動終了後（入社後）に顕在化する成果にまで責任を負っている」というように見えるのだけれど、実態は少し違う。「入社後の業績や人材の離職に関して、採用担当者が実際的な責任を問われることがあるか」という質問に対して「問われる」と回答した企業は、全体の10％にも満たない。また「入社後の業績や人材の離職に関して、採用時のデータとひも付けて分析・把握を行っているか」という質問に対して、「行っている」と回答した企業は、全体の5％であった。つまり日本企業の採用担当者は、意識の上では、入社後の業績や離職など、採用活動終了後（入社後）に顕在化する成果にまで配慮をした上で業務を行っているのだが、それらが実際に担当者の責任として問われているわけではない、ということなのだ。

このように、日本企業の採用担当者の役割は、採用活動終了時点（求職者に対して内定を出し、実際に入社するまで繋ぎ止めた時点）で、終わるというのが実態なのだが、本書は、採用という業務は、その人材が少なくとも入社2、3年の段階に達するまで続くという立場をとりたい（その理由も後で述べる）。

このように時間軸で見ると、採用とは、

【表1-3】 時間軸で見る採用活動。

		募集		選抜		定着
意思決定主体	求職者側	【D1】労働者として働くか	【D3】エントリーするか	【D5】そこで就活を継続するか	【D6】内定を受け容れるか	【D7】そこに居続けるか
	企業側	【D2】採用計画立案 どんな基準で どんな人材を 採用するか		【D4】誰を採用するか どんな方法で測定するか		

（1）企業側が出した募集情報に反応して、求職者が企業へとエントリーをするか否かの決断を行うことから始まり（募集）、

（2）そうして集まった候補者の中から社員として相応しい者を企業側が選び（選抜）、

（3）そこで出された内定を求職者が受け容れ、かつ組織の中で活躍する（定着）までに至る、一連の活動だといえそうだ。

その中で企業は、そして求職者は、それぞれに様々な意思決定を行い、その意思決定がお互いに影響を与え合って、採用（就職）というプロセスが進んでいく（【表1-3】）。もちろん、「募集」「選抜」「定着」はお互いに独立した活動ではなく、しばしば重複して、同時並行的に行われるのだけれど、採用について理解するためには、ひとまずこれらを区別して考えていいだろう。企業が募集情報を提示し、求職者がそれに惹きつけられてエントリーする段階と、形成された候補者群を対象に企業が選抜を繰り返す段階と、内定から入社さらには雇用開始後

まで候補者をフォローし続けることなどを、それぞれ分けて考えることで、現在の日本企業の採用の現場で起こっている問題がより鮮明になるだろう。

〈マッチングの中身で見る採用活動〉

では、こうした「募集→選抜→定着」といったフェーズにおいて、企業と求職者は、お互いに何をしているのだろうか。ここでは採用活動の中身を、「マッチング」という点から見てみよう。

〈ワナウスの主張する二つのマッチング――期待と能力〉

採用研究におけるもっとも重要な貢献者を一人あげるとすれば、それはアメリカの産業組織心理学者ジョン・ワナウスだろう。ワナウスは、個人が組織に参入し、そこでうまくやっていくためには少なくとも二つのマッチングが必要になると指摘している。

一つ目は、個人が会社に対して求めるものと、会社が提供するもの（仕事特性、雇用条件、組織風土など）とのマッチング。個人にとって会社は、ただ働き給与を得るだけの場所ではなく、所属し、仲間を得て、生活するための共同体でもある。したがって、入社段階で、個人は会社に何を求め、反対に会社は自分に何を求めるのかということを、ある程度明確にすることが重要になる。

求職者は、給与水準、教育機会の提供、海外勤務の可能性など、自身にとって重要な情報を、募集情報を閲覧したり、リクルーターに質問をしたりすることによって収集する。他方で企業側は、募集情報の中に、さまざまな項目（勤務条件、職務内容など）を記載することで、その条件に合わない求職者をはじき、期待の確認を行うことになる。いわば、「期待のマッチング」だ。

期待のマッチングは、主として募集段階における双方の情報のやり取りによって行われていく。企業が提示する募集情報の中に、求職者が判断するために必要な情報が十分に含まれており、求職者がその情報を精査しさえすれば、かなりの程度、期待のミスマッチを避けることができる。反対に、募集情報に、企業の魅力を誇張した表現や、事前に伝達するべき情報の秘匿があったり、また求職者が募集情報を精査せずにエントリーしたりするような場合には、両者の間に深刻なミスマッチが発生する可能性がある。

ワナウスによれば、期待のミスマッチは入社後の幻滅につながり、結果、社員の職務満足や組織へのコミットメントの低下、そして離職可能性の増大をもたらす。日本の調査でも、若年者の早期離職の理由が、会社への幻滅や「自分がやりたいことができない」といったことにあるという結果が出ているので、これは日米欧を問わず、どの社会においても発生しているといえそうだ。その一方で、期待のミスマッチは、必ずしも入社後のパフォーマンスの低下にはつながらないし、期待のマッチングが達成されたからといって、仕事業績が高くなるというわけでもない。

入社後の業績と直結するのは、ワナウスが指摘する二つ目のマッチングである、能力のマッチングのほうだ。読んで字のごとく、求職者がもっている能力と、企業が必要とする能力とのマッチングを指すもの。

たとえば、ある企業において大量のデータを統計学的手法に基づいて分析するデータサイエンティストの採用を行っている場合、求職者が統計解析を行うに足るだけの知識とスキルを持っており、その能力を遺憾なく発揮できる環境が企業にある場合、求職者はそこでイキイキと働き、満足のいく成果を上げられることだろう。

能力のマッチングは、入社後の個人の業績を直接説明するわけだが、これが入社後の満足や組織へのコミットメント、そして離職可能性に対して与える影響は、間接的なものでしかない。一言でマッチングというけれど、それには少なくとも二つの種類があるということ、そしてそれぞれのマッチングが、それぞれ異なった結果を生むという事実がまず重要だ。

もう一つ、募集や選抜といった採用のフェーズごとに、二つのマッチングがいずれも達成されうるという点も重要だ。期待のマッチングは主として、募集と選抜の各段階に関わってくる。企業が求職者にとって必要なだけの十分な情報を募集広告として出しており、求職者がそれをちゃんと見た上でエントリーの決断を行っているならば、募集の時点で期待のマッチングはかなり達成されることになる。

また採用面接において、その会社で働くことによって求職者は何を得ることができて、何を得ることができないのか、ということが率直に話し合われるならば、選抜のプロセスを通じて期待のマッチング精度はさらに高まっていくだろう。

これに対して、能力のマッチングは、どちらかといえば選抜段階において確認されることになるが、これを募集段階ですり合わせることも十分に可能だ。第5章でとりあげる三幸製菓のケースのように、企業側が事前に能力要件を明確に定義し、それを募集情報として明示することで、その能力に合致しない求職者のエントリーを抑制する、といったことはできる。もし企業が求める能力を求職者が持っていない場合であっても、それを偽ってエントリーをする可能性が十分にあるから、決して簡単なことではないけれど、それは可能だ。

〈フィーリング〉

ここまでは、欧米の採用のテキストにも書かれていることなのだが、日本での採用研究を積み重ねる中で、私は、ワナウスがあげている二つのマッチングに加えて、もう一つ、日本独自のマッチングがあると考えるようになった。いわばフィーリングのマッチングとでも呼ぶべきものだ。もっと良い名称があるのかもしれないが、とりあえず現時点では、このように呼んでおく。

会社説明会にやってくる採用担当者やリクルーターの様子、さらには採用面接の面接官の雰囲気など、求職者は募集と選抜のそれぞれの段階において接する社員を見て、その企業の雰囲気を敏感に感じ取っていく。採用担当者もまた、そうしたプロセスの中で、求職者と自社との相性を判断していく。こうした募集と選抜の各段階で、求職者と採用担当者が、お互いに、「この相手とは合いそうだ」「一緒に働いてみたい」といった、いわば主観的な相性におけるすり合わせを行うことがある。それがここでいう、フィーリングのマッチングだ。

このフィーリングのマッチングを、日本では得てして期待や能力のマッチングよりも優先させてしまいがちである。このようなマッチングは、これまで欧米の研究では指摘されてこなかったし、「非科学的」にも思えるのだが、長期雇用が重視され、社員と企業との関係が長期間にわた

【表1-4】 マッチングの中身でみる採用。採用（就職）において、企業と求職者が行うマッチングには三つの種類があり、それぞれがもたらす帰結は微妙に違う。

	期待のマッチング	能力のマッチング	フィーリングのマッチング
確認される段階	募集段階＞選抜段階	募集段階＜選抜段階	募集段階＋選抜段階
確認のための情報源	募集情報 会社説明会 リクルーター	適性検査 採用面接	採用担当者 リクルーター 採用面接官
（ミス）マッチングの帰結	職務満足 組織へのコミットメント強化 （離職）・残留	仕事業績	？

ることが多い日本では起きがちなマッチングなので、採用の際はそのことを常に意識しておいてほしい。

フィーリングのマッチングが採用担当者やリクルーター、面接官とのやりとりといった限られた情報に基づくものであることを考えると、これが入社後の幻滅につながり、職務満足やコミットメントの低下、そして離職へとつながる危険性は十分にあるのだ（【表1-4】）。

コラム1 「母集団」の正しい意味

ビジネスパーソンの間では、自社での就職に関心を持ち、実際にエントリーしてきた求職者のことを、「母集団」と呼ぶことが多いようだ。世の中にいる無数の求職者の中で、企業による募集情報をもとにエントリーし、企業にとって直接の評価の対象となる求職者群から優秀な人を選び出し、「内定」通知を送るという意味で、「母なる集団」ということなのだろう。

ただ、これは言葉の使い方としては、間違っている。「母集団：population」という言葉は、もともと統計学の中で使われてきた言葉であり、上記とはまったく異なる意味を持ったものだ。少し、このことを説明しておこう。

そもそも統計学がここまで発達し、広く活用されている理由は、それが私たちにとって非常に多くのメリットをもたらすからなのだが、そのメリットをひと言でいえば「時間と労力の削減」ということになる。

いま仮に、「日本のビジネスパーソンの平均的な年収」を知りたいとする。ここで私たちがとりうる手段は二つ。一つは、実際に、すべてのビジネスパーソンに対して「年収はいくらですか」とたずね、その平均値を計算するという方法。これが最も正確なのは言うまでもない。ただ、日本には正規社員だけでも三千数百万人いる（平成24年就業構造基本調査）ので、インターネットを利用したアンケートを実施したとしても、膨大な時間とコストがかかってしまい現実的ではない。

そこで多くの場合、私たちが採用するのがもう一つ、統計学のロジックを利用する方法だ。全国のビジネスパーソンから、ランダムに1000人だけを選び（選ばれる人の所属している企業規模、住んでいる地域、年齢、性別などがランダムに散らばるように選び）、その1000人に対して「年収はいくらですか」とたずね、その1000人の平均年収を計算することで、ビジネスパーソン全体の平均年収を「推測」するというアプローチだ。全体について調査することがあまりに困難で、コストが高くつく場合に、その一部を観察することで、全体について推測していくことが、統計学（正確には、そのなかの推測統計）の重要な役割になる。

このように、全体の中から選ばれ、実際に調査対象となる集団のことを、統計学では「サンプル」、そして、調査において本来知りたい、もともとの集団全体（上記の例えでいえば、日本のビジネスパーソンすべて）のことを「母集団」と呼ぶ。もちろん、サンプルから得られたデータによって計算された「平均年収」は、「日本のビジネスパーソンの平均年収」とまったく同じではないのだけれど、サンプルの数が一定以上になれば、それは母集団の状態を正確に予測できるということが、統計学者によって証明されている。

つまり母集団という言葉は、統計学における本来の意味においては、「私たちが知りたい、しかしその規模ゆえに現実には知ることのできない大本の集団」を指すのだ。このように対比すると、ビジネスパーソンが求職者に対して用いる意味での「母集団」と、統計学的な意味での「母集団」という言葉の間には、随分と大きな違いがあることがお分かりいただけるのではないかと思う。

日本に採用のプロフェッショナルを生み出すことを標榜する本書としては、混乱を避けるためにも、採用の世界で「実際の評価の対象になる求職者群」を指す名称としては、「候補者群」という言葉を使うことをおすすめしたい。

（注2）じつは、一部の極めて優秀な学生については、就職情報サイト離れが始まっていて、これはこれで注目するべき傾向だと思うが、ここでは大部分の求職者の話に限定することにする。

第2章　ガラパゴス化している日本の採用

東大40円、慶應28円

この章では、日本企業が直面している採用の課題は何かを考えたいのだが、そのためにはまず、日本の採用活動史を振り返ってみたい。現在の採用は、どのような歴史的背景の中で形成されてきたのか、そしてそれはどのような問題をはらむことになったのかを確認した上で、日本の採用問題を考えていきたい。いってみれば、日本採用史なのだが、より実践に即した話を読みたい読者は第3章に進んでいただいてもかまわない。

欧米においては、必要なときに必要な人材を雇用するという、いわゆる「欠員補充」の採用が一般的なのに対して、日本では、企業全体の人員、年齢構成と長期的な人員計画を踏まえて、新規学卒者を定期的に一括で採用する「定期一括採用」が普通である。

ただ、日本にこの「定期一括採用」が根づいたのは、実はそれほど昔のことではない。初めて「大卒」を出したのは、東京大学で、1878年（明治11年）のことだった。明治の末までは、東京帝国大学をはじめとした帝大卒業生は官界へ、慶應義塾、早稲田、東京高等商業学校（現在の一橋大学）などの卒業生のほとんどは、ビジネスの道に進んだ。当時の就職は、こうした学校を卒業したものが、推薦者ないし紹介者を介して随時希望する企業にアクセスするというやり方が一般的だった。いわゆる縁故採用なのだが、企業からすれば、企業自らが被推薦者の素行、素性、性格から家庭事情に至るまで、事細かくチェックするかわりに、政財界の有力者や大学教員などの「見立て」を信頼すればよかったわけで、それなりに合理的なやり方だったともいえる。

「定期一括採用」が日本社会に定着しだしたのは、今から100年ほど前、大正初期の頃だったといわれている。元東京大学文学部事務長である尾崎盛光氏の『日本就職史』（文藝春秋）には、以下のような記述がある。

「各社が大学卒の定期採用をはじめた大正六、七年、つまり大正初年代を特長づけるものは、第一次世界大戦を契機とした日本資本主義経済の飛躍的発展と、吉野作造博士の民本主義に象徴される大正デモクラシーである」

『日本就職史』によれば、日本経済が極めて好調だった当時、それまでは迷うことなく官界を目指していた学生たちまでもが、企業や銀行へと流れ出し、民間で働くということが、多くの大学生にとって一般的な選択肢となっていったようだ。東京帝国大学の卒業生とて例外ではなかったようだ。

　こうして大正初期には、早くも新卒者の「定期一括採用」が始まったわけであるが、この時代にはまだ出身校による給与面での格差が大きかったようだ。たとえば三菱の場合、1919年（大正8年）の段階で、東京帝国大学出身者の初任給が40円であったのに対して、私学の慶應義塾出身者のそれは28円。随分と大きな差だ。23年（大正12年）になると、『日本就職史』にも「帝大・一橋・慶応・早稲田を一律に初任給七五円とし、明大以下の私大と地方高商を六五円とした」とあるように、大学新卒初任給の差が縮小している。24年（大正13年）には、学生からの人気就職先でもあった三井銀行が、初任給差別の完全撤廃を行っている。

『日本就職史』には、この時代の三菱への就職状況に関する記述もある。それによれば、1923年の採用数70名に対して、応募があったのは200名。約3倍の倍率を多いと見るか少ないと見るか判断が分かれるところだが、同社が当時の超人気企業であることを思えば、「思いの外少ない」というべきなのかもしれない。当時は、学校からの推薦が大前提とされていた時代で、大企業においては大学ごとの推薦枠が決まっていたから、今のように「誰もがエントリーできる」という状況にはなかったのだろう。

大学は出たけれど

　昭和恐慌期にあたる1920年代末以降、大卒者の就職戦線に暗雲が立ち込めるようになる。大学（東京帝国大学、東京商科大学、早稲田大学、慶應義塾大学、上智大学、明治大学、立教大学などが対象)、専門学校(各大学の専門部や高等師範学校、私立の高等商業学校、日本女子大や東京女子大などの女子教育機関などが対象)、中等実業(早稲田実業をはじめとする、実務家養成学校が対象)などを対象に、就職者数や就職率、未就職者数に主要な就職先などを調べた『学校卒業者就職状況調査』によれば、1926年は前年比でいえば若干好転しているものの、新卒者たちの就職結果は芳しくない。学生の数が増加したことにより、全体として人材の供給過剰が起こり、大学生といえども就職において選り好みができない状況になっていたのだ。小津安二郎監督の映画『大学は出たけれど』(1929年公開)がヒットしたのも、ちょうどこの頃である。

人材の供給過剰の状況になると、人気企業には多くの求職者が殺到することになる。この時期、自筆の履歴書や卒業証明書、身体検査証、人物考課書に加えて、学校長の推薦状や、各学年別の詳細が記入された学業成績などの提出が義務付けられたことは、供給過剰に大いに関連しているだろう。年々増加する志願者に対応するべく、「足切り」が行われていたことは容易に想像できる。もはや、学校が成績順に一人一社を割り当てて、推薦状を出しておけば、いずれはどこかの企業に就職ができる、という状況ではなくなってきたのだ。この時期に多くの就職マニュアルが登場していることも含めて、昭和前半期には既に、現在の就職状況とかなり似た状況になったといえる。

こうしたいわば「買い手市場」の状況は戦後になってもそれほど変わらなかったようだが、新たに筆記試験、面接、身体検査などに加えて、グループディスカッションや各種性格検査の導入が進んだのも戦後のことだった。今日では、グループディスカッションや適性検査のような科学的な手法によって候補者群を篩にかけるのが採用の「王道」になっているが、こうした手法は1950年代に既に確立していたのである。

1954年(昭和29年)9月26日号『週刊読売』によれば、この時期の採用基準は上から順に、人物、健康、思想・信条、学識・見識、性格・素質、学業成績、身元・家庭、そして言語態度であったという。この時期には、アメリカ心理学の影響を受けた「自己分析」の考え方も、日本に入ってきている。

全体的に人材が供給過剰だったとはいえ、上記のような曖昧な採用基準によって採用が行われている以上、多くの企業が「優秀」とみなす求職者には、人気が集中することになった。これもまた、今日と変わらない。そのため企業は、採用難になると他社に先駆けて動き出し、その動きを見て学生も早期に就職活動を始めた。採用スケジュールが前倒しになると、今度はそれを規制しようという動きが起こるが、そうしたルールができたらできたで、今度はそれを水面下で破る企業や学生が現れるという状況は、この時代からあったようである。「採用内定」という言葉もこの時期に既に登場していて、正式の採用試験の前に学生に対して「事実上の採用通知」をすませ、その後、形式だけの試験を行う、というやり方も一般化していた。

『リクルートブック』の衝撃

昭和前期から続くこうした状況を一変させたのが、『リクルートブック』の登場だった。戦前から既に、就職事情のガイダンスや就職活動マニュアルの類は存在したが、それらは情報量、波及力いずれの点においても、不十分なものであった。学生たちにとって職探しの情報源は、依然として、新聞の求人欄や職業安定所、学校の掲示板の張り紙といった、極めてローカライズされたものでしかなかった。ここに目をつけたのが、東京大学教育学部出身で在学中、東大新聞の広告営業を担当していた江副浩正《えぞえひろまさ》であった。

大学卒業と同時に起業した江副は、アメリカの雑誌のスタイルにヒントを得て、大学生向けの求人広告冊子の発刊を思いつく。企業から広告料をとり、各社の新卒募集広告を掲載。それを学生に幅広く配布するというビジネスモデルと共に1962年（昭和37年）に登場したのが、就職情報雑誌『企業への招待』、のちの『リクルートブック』（69年に誌名変更）だった。

1963年（昭和38年）には「日本リクルートセンター」に社名が変わり、「リクルート」という言葉は、いつしか日本の新卒就活そのものの代名詞であるばかりか、就職活動そのものを指す言葉にまでなっていった（ちなみに英語の recruit とは、新兵、新メンバーを募るという意味である）。

1962年の日本リクルートセンターによる「就職動機調査」では、大学生の人気就職先ランキングが登場しており、学生たちの就職先が就職情報会社の発する情報によって大きく左右されるという事態が起きた。また優秀な人材を惹きつけたい企業の側も、就職情報会社が発信する情報に対して、敏感に反応するようになった。戦後の経済成長による求人数の増加も追い風となって、就職産業はまたたく間に発展したのである。

その後、オイルショックによる高度成長の終わりと、バブル崩壊という数度にわたる採用意欲の減退、大卒者の増加による「大卒の兵卒化」、江副氏自身も関わった政治的スキャンダル（リクルート事件）など、幾多の試練を経ながらも、リクルートをはじめとする就職情報会社は、日本の労働市場の中に着実に根を張っていった。

ESとウェブ時代

こうして1960年代には現在の採用の基本形が作られたわけだが、その後、今日に至るまでの間で特筆するべきことといえば、エントリーシート（ES）の登場・定着と、就職情報のウェブ化だろう。

面接などの本選考に先立って、履歴書に加えてエントリーシートの提出を義務付けるというやり方が登場したのは1991年（平成3年）のこと。ソニーが導入したエントリーカードがその先駆けであった。学校名をはじめとする学歴情報を中心とした履歴書の情報以外が記載されたエントリーシート（カード）を提出させることで、学歴情報では理解できない個人の考えや嗜好を採用に反映することが目的であったようだ。

1994年1月発行の『就職ジャーナル』（68年創刊、株式会社リクルート）には、ソニーのエントリーカードの内容が紹介されている。それによれば、当時のエントリーカードには、「ミニディスクの責任者として、効果的でユニークな販売戦略を立案しなさい」「企業として、無体財産権の保護についてどのように取り組むべきか考えなさい」といった、「論文」のような問いも盛り込まれていた。学校名不問ではあるけれども、ある程度高度な知識が求められていたことがうかがえる。

ソニーが導入したエントリーカードは、1990年代半ばから後半にかけて他社にも広まり、応募者の1次選考絞り込みのための定番ツールとして定着していく。それまでは「エントリーカード」「コミュニケーションシート」など名称もバラバラであったが、2000年代前半までに「エントリーシート」という名称で統一されるようになる。大企業の中には、ESが書類選考的な意味を持っているところも多く、応募者の大部分がESで不合格となることも多い。

90年代後半には既に、ESの対策本が出版されている。各企業が独自でESのフォーマットを作成している場合が多いようだが、現在では、リクルート社の「OpenES」のように、予め作成された共通フォーマットを、複数の企業が活用するようなケースも出始めている。

ESの定着よりも、やや遅れて進んでいったのが、募集のウェブ化である。1996年（平成8年）に、現在のリクナビにあたる就職情報サイト（前身は「RECRUIT BOOK on the net」）が登場し、就職産業はウェブ時代へと突入する。毎日コミュニケーションズ（現マイナビ）が提供するマイナビや、日経HRとディスコの共同運営による日経就職ナビなど、いまでは複数の就職情報サイトがしのぎを削っている（コラム2参照）。

では、このようにしてでき上がった日本独自の採用とはいったいどのようなものであり、そこにはどんな問題があるのか。この点に関して、本書では四つの点を指摘しておきたい。

一つ目は、企業と求職者の間の相互期待が曖昧なままになっているという問題。

二つ目は選抜する段階における能力の評価基準が、曖昧で不透明になっているという問題。

三つ目はそうした結果、採用活動がヒートアップし、企業側が支払うコストが増大しているという問題。

そして四つ目は、各企業が行う採用活動と同じように、学生の就職活動もまた、ヒートアップしているという問題である。では、一つ一つ見ていこう。

大規模候補者群仮説

日本の採用、とりわけ新規学卒者の採用の第一の問題は、募集段階で雇用条件をはじめとする相互期待が曖昧になっている、ということだ。日本企業は募集段階で、個人が会社に対して何を期待し、反対に会社が個人に対して何を期待するのかということを明確にしない。雇用契約のような文書の形でも、また口頭でのやりとりのようなインフォーマルな形ですら明らかにされることはほとんどない。その証拠に、たとえば2008年の矢野経済研究所による「学生の就職活動に関する『意識・実態』アンケート調査報告」によれば、求職者が「企業の実態（社員の本音／残業時間／悪い情報）」や「仕事の中身・キャリアステップ」そして「給与・福利厚生」について、会社の提供する情報が不十分であると考えていることが示されている。

多くの場合、募集段階においても選抜段階においても、期待のマッチングを図るために本来必要であるはずのこうした情報が十全に開示されず、求職者は、採用後にはじめてそうした点について理解することになっているのだ。つまり、組織と個人の間に、期待のマッチングを図るために十分な情報交換がないままに、いわば（本来、様々なことが記載されるべき雇用契約に、必要なこ

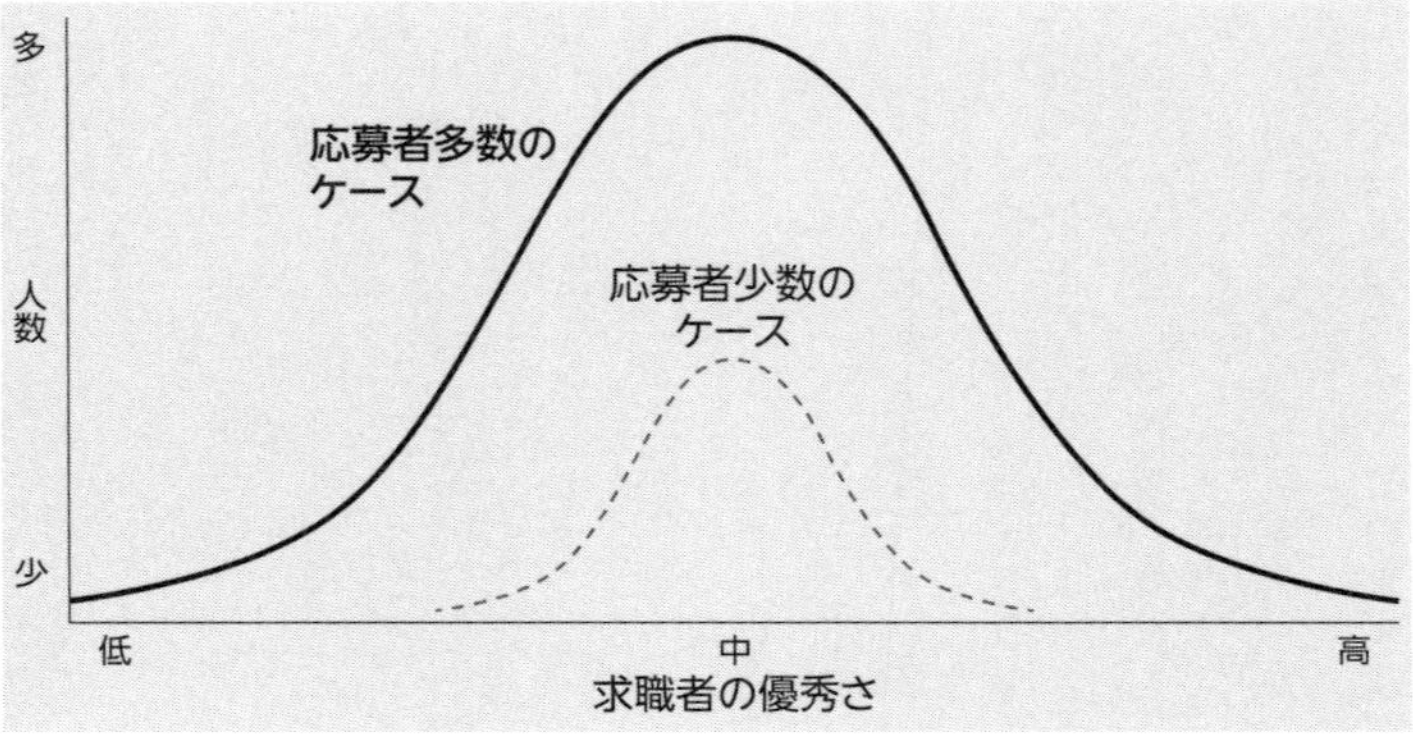

【図 2–1】「大規模候補者群仮説」。「極めて優秀な人と、極めて優秀ではない人は多くないが、エントリー段階で多くの人数を集めれば、優秀な人を多く集めることができる」という仮説。図・Studio Someone

とがほとんど記載されていないという意味で）「空白の石版（白紙状態）のような」雇用契約（労働政策研究・研修機構研究員の濱口桂一郎氏による名称）に合意し、契約の中身については採用後にその詳細が書き加えられていく、というのが日本の採用の現実だ。

この背景には、『リクルートブック』登場以来、日本企業の採用担当者の間で信じられてきた「大規模候補者群仮説」とでもいうべきものの存在がある。これは、誰が言い出した訳でもないのに、多くの人が正しいと信じている一種の共同幻想のようなものだ。「エントリー数が多くなればなるほど、候補者の中に優秀な人材が含まれる割合が多くなる」という思い込みである。

求職者の「優秀である度合い」は、「低い」から「中程度」そして「高い」へと至る連続線上に位置付けることができて、もしその人数の分布を把握することができるならば、その分布は【図2–1】のような正規分布となるはずである。求職者の「優秀である度合い」は、世の中にランダムに分布しているであろうから、わが社に少数のエントリーしかなかった場合よりも、多数のエントリーがあった場合の方が、候補者群に含まれる優秀な人(「優秀である度合い」が「高い」人)の数は多くなるはずだ。したがって、優秀な人材をエントリーの段階で取りこぼしなく集めるためには、まずは大量のエントリーをしてもらうことが極めて合理的だ。ただ、そうするとどうしても、企業にとってそれほど魅力的ではない求職者がエントリーしてくる可能性も同時に高まるので、その場合は選抜段階で何とかする——大規模候補者群仮説とは、おおよそこのような仮説だ。科学的な根拠のない仮説なのだが、多くの採用担当者がこうした考えを漠然と信じているように思う。

こうした仮説が正しいかどうかについては、ここではとりあえず置いておこう(実際には、科学的な研究は、こうした仮説を否定する結果を示している。このことは、第3章で解説する)。

ここで問題にしたいのは、このような仮説を信奉する企業は、多数のエントリーを募るために、「募集段階で自社に関するネガティブな情報を提示することをできる限り控え、ポジティブな情報ばかりを提供してしまう」ことだ。企業の募集広告や会社説明会の資料には、「わが社はグローバルな人材の育成に力を入れている」「若手のころから、活躍できる場を提供している」といったポジティブで魅力的なフレーズが数多く登場する。フレーズ自体に嘘はないのだろうけれど(そう信じたい)、そうしたメッセージが若い求職者に与える影響は重大だ。

多くの求職者は、そうした情報によって、企業に対するポジティブな印象をもち、期待に胸を膨らませてエントリーする。当然、エントリー数は増加し、企業としては、してやったりかもしれない。しかし多くの場合、上記のような募集情報の裏には、「わが社はグローバルな人材の育成に力を入れている。でも、なかなかうまくいっていない」とか、「若手のころから、活躍できる場を提供しているのだけれど、実際に若手で活躍しているのは全体の中のごく一部だし、さらにいえば、若手の活躍の場をベテランが奪っているという構造的な問題をかかえている」といった現実がある。

こうした情報こそ、求職者と企業の間の期待のマッチングを図る上で重要になるのだが、「大規模候補者群仮説」を信奉する企業が、こうしたネガティブな情報を前面に出すことはまずない。誰も好き好んで、自社のネガティブな情報を出すようなことはしないわけだ。ポジティブで、魅力的なフレーズに彩られた募集広告は、求職者と企業のフィーリングによるマッチングを促進する（促進した気にさせる）かもしれないが、それは他方で、もっと重要な期待のマッチングの問題を覆い隠してしまう。多くの新入社員が、きわめて曖昧で、時に非現実的ですらある期待を抱いて、会社の門をたたいてしまう理由はここにある。

曖昧な評価基準

曖昧で不透明なのは、期待だけではない。新卒者に対する日本企業の評価基準に関しては、既に多くの調査・議論がなされているので、詳しくは巻末の参考文献を参照していただくとして、ここではその概要を紹介したい。

日本企業の採用基準を調べた経団連の調査（【図2-2】）によれば、最も多くの企業が選抜時に

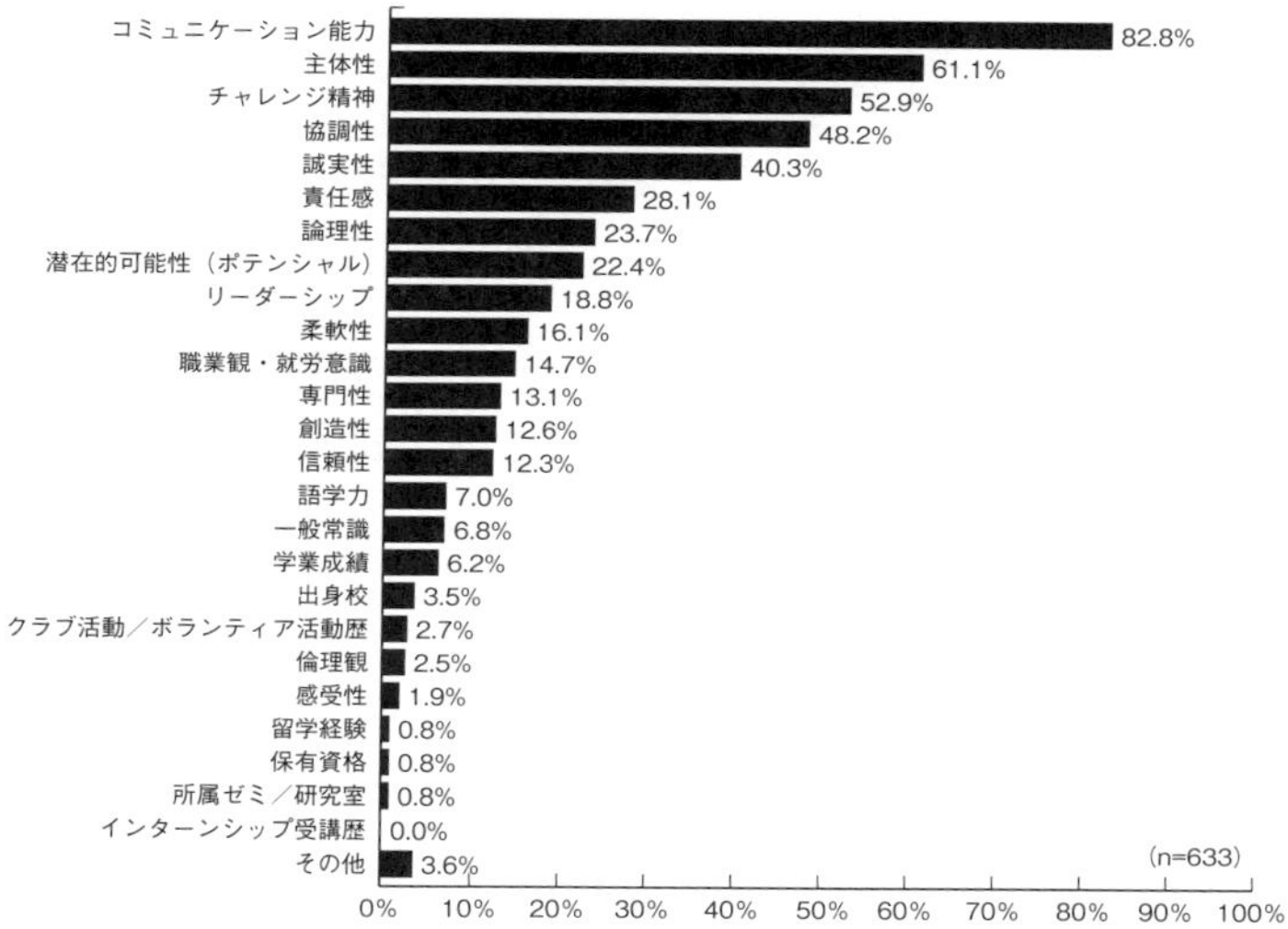

【図 2-2】 選考の際に重視する基準。パーセンテージは、それぞれの能力を選抜時に「重視する」と回答した企業の割合。日本経済団体連合会「新卒採用（2014 年 4 月入社対象）に関するアンケート調査」。

重視すると回答した項目の第1位は「コミュニケーション能力」（82・8％）であり、これは同調査において6年連続で第1位を占めている。第2位は「主体性」（61・1％）、第3位は「チャレンジ精神」（52・9％）、以下、「協調性」（48・2％）、「誠実性」（40・3％）と続く。

「コミュニケーション能力」「主体性」「チャレンジ精神」「協調性」「誠実性」……考えてみると、どれも曖昧だ。「一級建築士の免許を有している」とか「R言語を駆使して、計量経済学のパネルデータ解析ができる」といった具体的な基準と比べれば、その曖昧さがわかるだろう。曖昧さは同時に多義性につながる。

たとえば「コミュニケーション能

力」と聞いて具体的に思い浮かべることは、人によって様々だ。なんとなくわかった気にはなるだろうけれど、それが具体的に何を意味するのか、何をもって「コミュニケーション能力が高い」と判断するかという段になると、途端に怪しくなる。グループ面接における発言回数の多さをコミュニケーション能力と捉える人がいる一方で、それを「遠慮のなさ」、つまりコミュニケーション能力の低さと捉える人がいるかもしれない。各面接官が、このように「コミュニケーション能力」を多様に解釈した場合、面接によって合格となった求職者がもつ「コミュニケーション能力」にはかなりの分散が見られるにちがいない。曖昧な評価基準の設定が、担当者による解釈の多義性を生み、それが採用結果の分散につながるというプロセスを通じて、最終的に企業が採用する人材は、企業が本来求めていた人材から少しずつ乖離していく。

問題はさらに根深い。「コミュニケーション能力」「主体性」「チャレンジ精神」「協調性」「誠実性」といった能力は、確かに曖昧で、多義的ではあるのだけれど、これらは同時に、非常にわかりやすくもある。より正確に言えば、わかった気になりやすい。

「主体性が高い」とはどういうことか、（正確な解釈においては、多義的であっても）私たちはなんとなく理解している。だから、本来それほど「主体的」ではない求職者も、企業の募集要項の一つに「主体性」とうたわれていれば、可能な限り「主体的な人間」に見られようとするはずだし、そこそこ器用な求職者であれば、ある程度「装う」ことだってできてしまう。上記のようなランキングを見れば、多くの企業が「主体性」や「コミュニケーション能力」を評価しているということは容易にわかるため、結局、実際の採用面接においてみられる「主体性」や「コミュニケーション能力」は、「フリをしている」可能性を考えると企業が本来知りたいそれとは大分乖離していることが十分にありうる。

評価基準の曖昧化には、新卒一括採用という日本の採用慣行が大きく関わっている。新卒一括採用を前提とした場合、採用時点で、その会社で仕事をするにあたって必要な能力や技術のすべてを、社員が身に着けていることはあまりない。少なくとも多くの職種においては難しい。日本企業の場合、人材を採用する時点で、その人が将来的にどのような職種に就くのか、どのようなキャリアを歩むのか、ということが明確になっておらず、むしろ、組織全体の年齢構成や長期的な人員計画に基づいて、若干の離職の可能性も見込んだ上で、年度ごとに採用計画が立てられるのが実態だ。

そのため、人材がどのようなキャリアを歩むかということについても、入社後の仕事ぶりや人間性などを時間をかけて見極め、少しずつ確定させていくことになる。採用担当者ですら、実際のところどのような能力が将来の業績につながるのか、そのために、採用段階でどのような能力を検出すればよいのかということを、深いレベルで理解するのは難しいのだ。そこで採用側としては、仕事に直接必要な能力や技術そのものではなく、「将来的にそうした能力を高いレベルで身に着けるであろう可能性」を推測する、という発想にどうしてもなる。第1章で述べたように、日本企業の選抜が、「既知の情報に基づいて、人材の優秀さや魅力度を推測する」ことになってしまう理由はここにある。

さらに厄介なことに、個人の業績というのは、その人が持っている能力や性格特性のほかに、仕事の内容や周囲の人間との適合性、健康状態、現場や人事による育成の成否、会社自体の好不調などなど、実に様々な要因によって影響を受ける。しかも、求職者側に、企業が求める能力を有しているかのように「装う」可能性があるのだから、採用担当者としてはたまらない。「既知の情報に基づいて、人材の優秀さや魅力度を推測する」というのは、本当に難しいことなのだ。採用担当者が、どんなに小さく、かすかな「兆候」であっても、将来の優秀さを予見させるものであれば、すがりたくなる気持ちもよくわかる。

この点に関して、長きにわたって重要な「兆候」と認識されてきたのが「学歴」である。

採用後の配属先が確定しない状態で採用をすることになる日本の場合、どうしても、その人材の一般的な意味での「潜在的能力」に注目することになる。こうした「潜在的能力」について、経営学者の岩田龍子《りゅうし》は、採用時点では「未分化の可能性であり、いまだいかなる領域においても『力』を発揮していないものであるが、訓練と経験によって磨かれるならば、将来本人の選んだ領域において大きな『力』を発揮するもの」（『学歴主義の発展構造』）と表現している。このような「能力」をあらわす、もっともわかりやすいシグナルが「学歴」だった。

1971年、86年、そして2001年の3月時点において、企業年鑑に掲載された企業の採用担当者のコメントを分析した労働政策研究・研修機構研究員の岩脇千裕の調査（「大学新卒者採用における面接評価の構造」）によれば、1971年の段階では、精神的健康やファイトなど、精神性にかかわる曖昧な項目に加えて、学業成績が企業の評価基準において上位を占めてきたことが確認されている。

このような学歴フィルターの存在をもって、日本企業の不公正や不誠実が指摘されることもあるのだけれど、企業にとってこれが一定の合理性を持っていたことも事実だ。上位校に合格した学生はそうでない学生に比べて、高い能力を持ち合わせている、あるいは少なくとも、努力ができる人である可能性が高い。したがって、将来どのような職務に就くにしても、それ以外の学生に比べて、相対的に、早期に、そして高いレベルで、組織での仕事をこなすことができると予想される。仮に、そうした職務に就くために、企業が何らかの育成をほどこす必要があるとしても、そうした人材にかかるコストは、より低いもので抑えることができる。少なくとも、そう信じられてきた。

ところが先にあげた岩脇氏の調査では、近年になるにつれて企業の採用基準としての学歴の優先順位が下がり、かわって「柔軟性」や「目標の実行力」「チャレンジ精神」や「前向きさ」といった項目が上位を占めるようになってきていることが報告されている。経団連の調査でも、実に82・8%の企業が「コミュニケーション能力」を、48・2%の企業が「協調性」を評価基準として設定しているということが報告されている。日本企業の採用基準が、学生の精神的な健全性と知識の習得度によって測られる「学力」を中心としたものから、「コミュニケーション能力」「協調性」「主体性」「チャレンジ精神」といった曖昧で多義的なものへと、大きくシフトしてきていることが分かる。

こうした曖昧で多義的な評価基準の問題は既に述べたが、これが社会的な問題として浮上してきたのは、ここ20年ほどの話だ。岩田龍子によって日本の採用の「学歴主義」が指摘された19

80年代、日本の大卒者数はまだ37万人程度であり、新規学卒市場のマジョリティは高卒ないし中卒であり、大卒者に関して「学歴」のような画一的な評価基準がそれほど大きな問題とはなっていなかった。ところがその後、大卒者の数は、95年には49万人、2005年には55万人と、急激に増加していく。このように大卒者の数が増加する中で、企業が設定する評価基準が「コミュニケーション能力」のように曖昧なものに収斂していくと、同じような基準つまり同じ求職者をめぐって複数の企業がしのぎを削ることになる。その結果、複数の企業から内定を得る求職者と、どの企業からも声がかからない求職者というように、就職活動における格差が拡大していくことになる。

候補者獲得競争のヒートアップ

期待の曖昧化と能力基準の曖昧化は、日本企業の採用活動を過熱化させていく。大規模候補者群仮説が信奉されている日本の採用活動においては、募集段階で、多くのエントリーを募ることが目標になりがちであることは、既に説明した。優秀な人材を採用するためには、選抜の対象となる候補者群の形成段階で、優秀な人もそうでない人も含めた多くの人材を確保しておく必要がある、というわけだ。

能力基準の曖昧化もまた、日本企業を大規模候補者群獲得競争へと駆り立てている。既に見てきたように、日本では、「コミュニケーション能力」「協調性」「主体性」といった抽象的で、曖昧な評価基準が重視されており、しかもそうした評価基準を多くの企業が一律に重視している。

そしてこのことが、そうした能力をもった少数の学生を逃すまいという熾烈な人材獲得競争へと、企業を駆り立てていくのである。

候補者獲得競争は企業に多くのコストを要求する。リクルート就職ジャーナル版『就職白書2008』によれば、2009年卒採用時点で、今後「学生への説明会の開催地（場所）を増やす予定」と答えた企業は全体の25・5%、「時間帯を増やす予定」と答えた企業が15・9%であるのに対して、それらを「減らす」と答えた企業は2%にも満たない。

また、採用のコストに関する実態を調査した労働政策研究・研修機構の2005年の調査によれば、「就職Webサイトへの掲載等の経費」「会社説明会等の開催・参加費」「大学関係者との連絡・情報交換費」といった項目、また「これまで採用にかかった経費合計」において、5年前の2000年と比較して「増えた」、あるいは「変わらない」と回答した企業は、全体の実に50%以上に及ぶことが報告されている。日本企業がいかに多くのコストを支払っているかがわかるだろう。

そして皮肉なのは、こうした募集段階を通じてシャカリキになって獲得した候補者群について、選抜段階では、それをどうやって削減するかということを考える必要があるということだ。ポジティブで、魅力的な情報に彩られた募集情報に惹かれて集まった候補者群の中には、企業にとっては魅力的と思えないような人材が多数含まれているはずだ。こうした候補者たちに対して、彼（女）らの曖昧な能力を見抜き、選抜を行うなかで、採用活動はますます長期化、過熱化し、採用担当者を疲弊させていく。

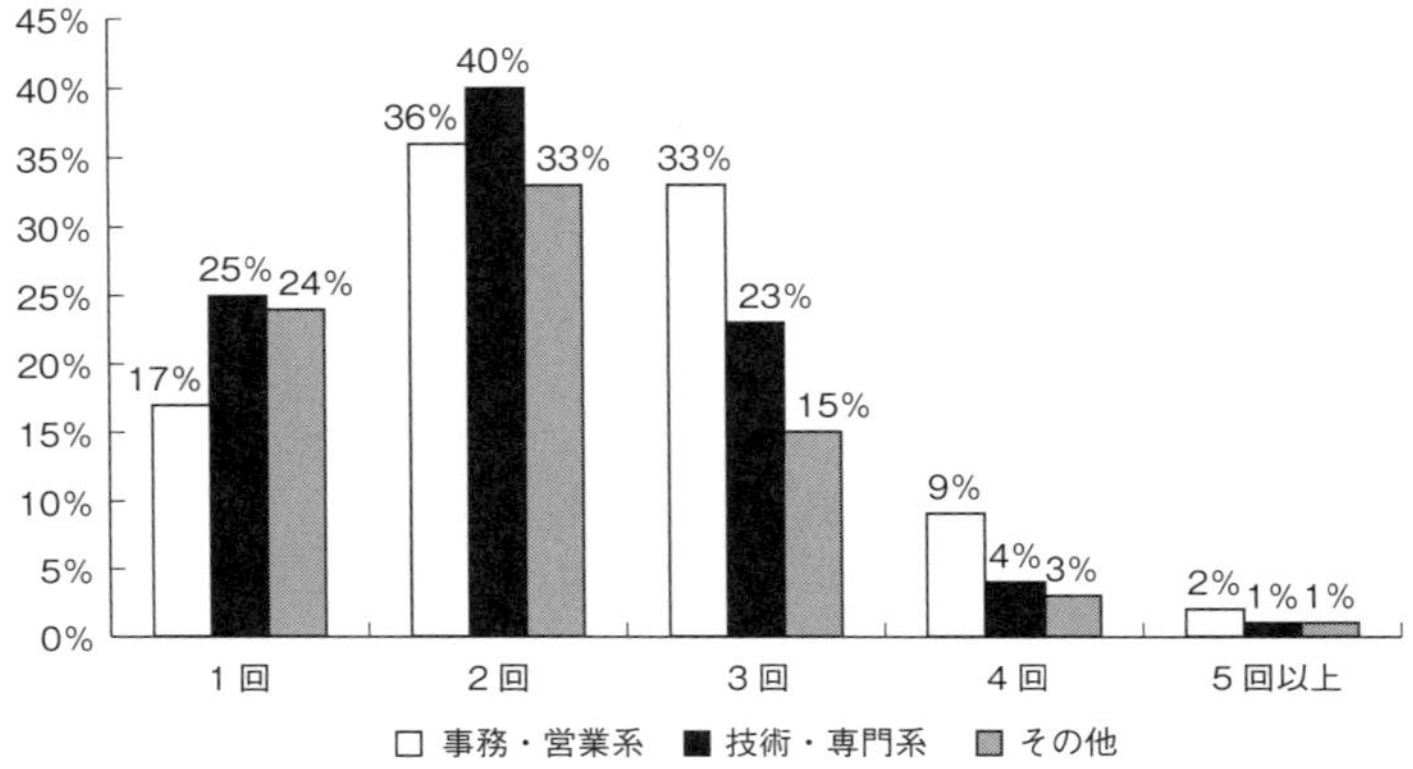

【図2-3】 採用面接の回数。職種を問わず、面接回数は2回が最も多い。事務・営業系の職種については技術・専門系よりも面接を重視する傾向が強く、回数もやや多い。出典：労働政策研究・研修機構『大学生の就職・募集採用活動等実態調査結果Ⅰ』(2006) より。

もちろん、応募者すべてについて、面接のような時間のかかる選抜を実施することはできないから、多くの企業では、本格的な選抜に先立って候補者の絞り込みが行われる。日本企業を対象としたこれまでの調査では、こうした面接前の絞り込みの手段としてしばしば活用されるのは、紙ベースの適性試験、筆記試験や小論文、エントリーシート審査、その他ペーパー上の審査であることが分かっている（第1章【図1-2】）。

ただ、この段階でどれくらいの絞り込みを行うかということに関しては、企業によってかなりの差がみられる。面接前の段階で内定予定者数の2倍程度まで絞り込む企業もあれば、内定者数の15倍もの求職者を残す企業もある（労働政策研究・研修機構調べ）。そのうえで、1回当たり概ね15～30分の面接が、およそ2～3回実施される（【図2-3】）。つまり、多数の候補者群を種々の適性試験やエントリーシートによって絞り込み、残った候補者に対してトータル30分から90分の面接を行うことで、最終的な候補にまで絞り込む、というのが日本の採用の平均的な姿といえそうだ。

募集段階では膨大なコストをかけて集めた候補者群を、これまた膨大なコストをかけて削減する。なんとももったいない気がしてしまうが、それでも、望み通りの人材を獲得できている企業はまだいい。多くの企業がほしがるような優秀な人材の絶対数は限られているわけだから、当然、すべての企業が満足のいく人材を確保できるわけではない。実際、労働政策研究・研修機構が2005年に実施した調査によれば、50％もの企業が「求める能力の人材を確保できていない」という問題を抱えているのだ。

受け答えが良すぎる

企業が取り組む採用活動がますます過熱化してきているのと同じように、学生たちにとっての就職活動もまた、ますます過熱化している。既に述べたように、大学進学率が上昇し、大卒就職者数も増加するなかで、自らが望むような就職をするために、彼（女）らもまた、努力している。

大学入学後の比較的早い段階から（学生によっては、既に高校生の時代から、大学卒業後の就職を意識しはじめている人もいる）、就職活動を意識した様々な活動を行い、いざ就職活動が開始されると、面接対策本を読み込み、先輩や大学教員、キャリアセンターからのアドバイスに真剣に耳を傾け、エントリーシートや履歴書の作成に真摯に取り組む。いまやエントリーシートや履歴書、それに就職面接に対して、「絶対受かる」を標榜したノウハウ本やセミナーはゴマンとあるため、それらの助けを借りながら、学生たちはエントリーシートや面接における「正しい」答えを予測し、周到に準備を重ねていくことになる。既に述べたように、企業の選抜基準はかなり近似しているので、面接で聞かれる質問などに関する事前の「予測」は結構当たる。あとは、聞かれた問いに対して、少し考え（たように見せ）て、あらかじめ用意された「正しい」回答をすればいい。やや誇張気味に書いたが、こういうようなことが、そこかしこで起こっていると思われる。

本来の評価基準である「コミュニケーション能力」「協調性」「主体性」「チャレンジ精神」を探ろうとして放った質問に対して、多くの求職者から、「正解」に近い回答が返ってくるわけだから、当然、企業もそれに気づく。

このような就職活動の過熱化による学生の就職スキルの向上によって、「採用基準の拡張」と呼ばれる困った現象が起こると、教育社会学者の小山治は指摘している。これについて理解するために、まず小山氏が紹介している例を取り上げよう。小山氏が調査した企業の採用担当者の言葉をそのまま掲載したい。

３人、私を含めて面談員がいたんですけど、質問すると非常にいい答えが返ってくるんですね。論理性もあるし、それからすごくはきはきして、表情も豊かで、いわゆるコミュニケーション能力あるかっていったら、ありそうだ。で、いろんなことをやっているので、向上心もありそうだねっていうようなところでいうと、丸が付いちゃう。で、ストレスにも強そうだっていうようなね、学生がいたんですが、どうもですね、この人って何か信用できないなっていう、この人は本当にそう思って言っているのかなっていうことが、非常に疑義が出てきた学生がいたんですね、やりとりをしている間で。それって、こんなところ〔注：評価項目〕に入っていないですし、ここ〔注：評価項目〕だけでみると丸なんですよ。私だけなのかなと思ってみて、同僚の面談員2人に確認したらですね、私も同感ですって言うんですね。〈中略〉優秀なのかもしれないけど、採れないねっていうようなことってあるんですね。

ここで取り上げられている面談員（面接官）によれば、問題となっている求職者は、少なくとも面接での受け答えの内容から判断すれば、本来の評価基準である「コミュニケーション能力」「向上心」「ストレス耐性」において合格の基準を十分に満たしていた。しかし、というよりもだからこそ、この面接官は求職者の回答に疑問をもったのだ。あまりに「いい答えすぎる」「本当にそう思って言っているのか」と。そこで面接官たちは、本来の評価基準となっていない基準を新たに設けることで、その求職者を評価することになった。小山氏の論文で引用されている、もう一人の面談員の語りがそのことを如実に表しているので、引用しておきたい。

もう生理的にって言ったら本当は面接では一番許されないんでしょうけど、ちょっと気になるとか、一応模範解答はしてるんだけれども、その模範解答は既に、既に準備されている部分で、本当はその裏にみえてこないわれわれが引き出せなかった部分っていうのをもう少し本音ベースでみたい〈中略〉今の学生さんって結構そつないというか、情報を全部受けてますから、それなりに無難にはこなしてしまうんでね。

本来の評価基準である「コミュニケーション能力」「向上心」「ストレス耐性」とは別に、当該求職者との「フィーリングの善し悪し」という基準が持ち込まれ、それを基準に、選抜の最終的な判断が下されてしまったのだ。本書の言葉でいえば、選抜において、もともとは能力のマッチングを行うことを目的としていたにもかかわらず、その場に、おそらく当の面接官自身も意図しない間に、フィーリングのマッチングが持ち込まれてしまった、ということになる。能力のマッチングの問題が、覆い隠されてしまったわけだ（p53参照）。

このように就職活動の過熱化による求職者の就職スキルの向上によって、本来重要であるはずの（企業と求職者双方の）能力評価基準が拡張され、さらにフィーリングのような曖昧なものへとスライドしていく。この種の現象が、私自身の調査でも、かなり頻繁に起こっていることが確認されている。

過熱化する採用・就職活動の中で、それに対応しようとした学生の行動が、自分自身にとってマイナスの結果をもたらす。なんという皮肉だろうか。もちろん、多くの企業はこうした事態に気づいているから、面接の仕方を変えてみたり、新たな選抜手法を導入したり、あの手この手で工夫を凝らしているのだが、それがまた、採用活動を過熱化させているように思えてならない。

以上が、採用学の視点から見た日本独自の問題だが、より突き詰めて考えていけば、（1）期

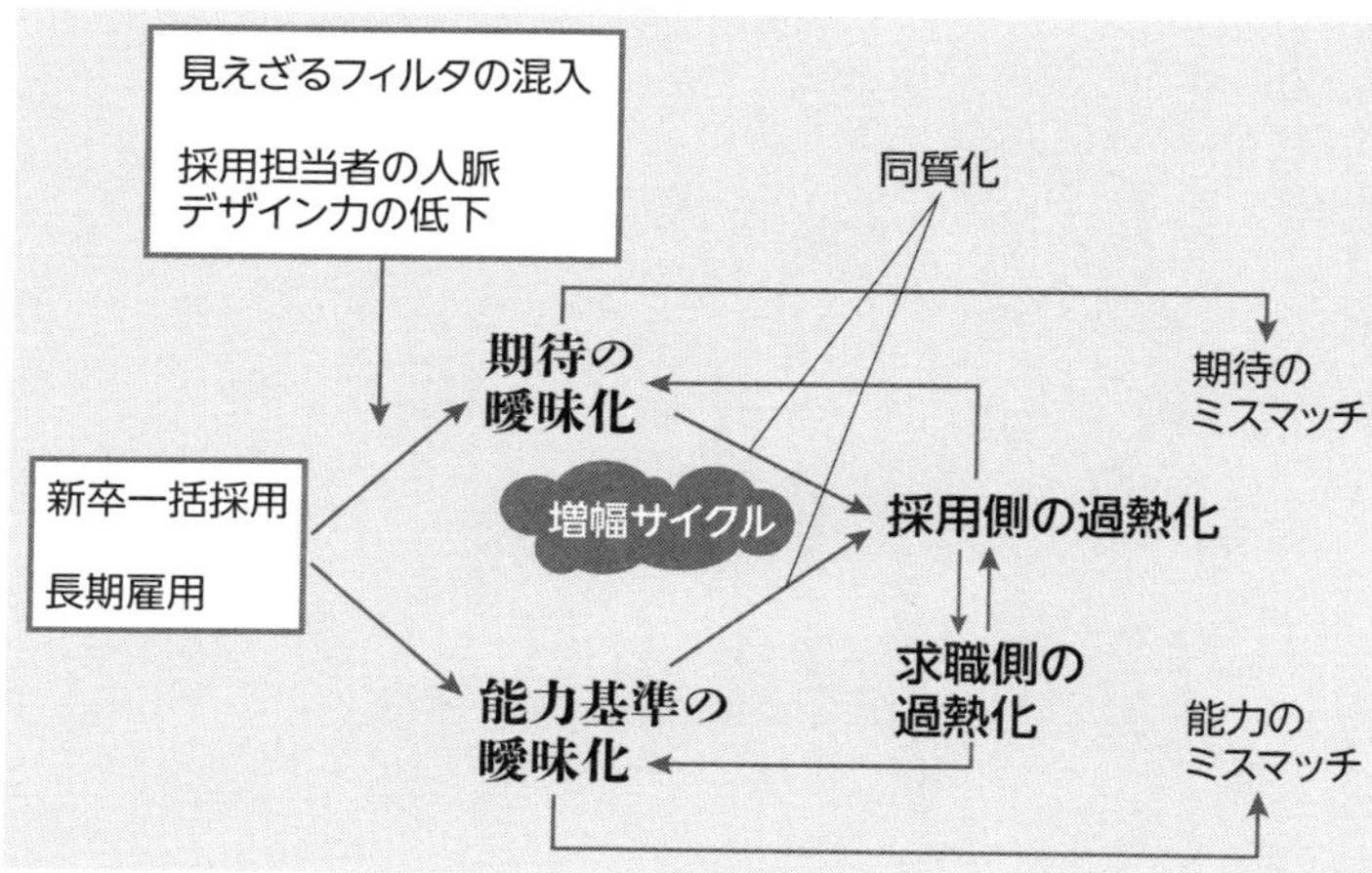

【図2-4】 日本の採用の問題の構造。期待と能力基準の曖昧さが採用側の過熱化を、採用側の過熱化が求職側の過熱化をもたらす。図・Studio Someone

待の曖昧化と（2）能力評価基準の曖昧化、の問題に行きつくのではないかと考えている（【図2-4】）。就職活動の過熱化は、採用活動の過熱化がもたらした皮肉な結果であるし、過熱化自体も、もとはといえば、採用活動における期待と能力評価基準の曖昧化と不透明化によるところが大きいからだ。つまり、日本企業の採用をより良いものへと転換するために、私たちが取り組むべき課題は、おおよそ以下のようなものなのではないだろうか。

1．現在の採用つまり「曖昧な期待」と「魅力的な情報」によりかかった採用は、求職者にとっても企業にとっても良くない結果を生んでしまう。ただ、企業としては募集段階から選抜段階そして採用決定にいたるまでの間、求職者を惹きつけ、つなぎ止めておく必要があることも事実だ。それでは、募集段階、そして選抜段階において、求職者の期待をどうマネジメントし、マッチングを図っていけばよいのか。
2．自社の社員として必要な能力を、どのように定義し、どのように測定すればよいのか。
3．日本のガラパゴス的な採用は、同じような評価基準により、同じような「優秀さ」をめぐるきわめて同質化した競争になっている。とはいえ、日本企業の中には、新しい採用のあり方に挑戦し、他社とは違う、独特の採用を打ち出しているところもある。「新しい採用」のあり方とはどのようなものであり、そうした企業においては、なぜ、どのようにそれが可能になったのか。

これらはいずれも、企業採用担当者にとって、本当に悩ましい問題だと思う。まがりなりにも、採用の現場をながめてきた研究者として、これら現場の悩みは痛いほどよくわかっているつもりだ。しかし、この問題に取り組むことなしに、日本の採用の問題は解決しない。次章以降では、上記の課題に対して、科学の視点から取り組んでいきたい。

コラム2　就職情報サイトは罪か？

就職情報サイトに関しては、登場以来、その是非を巡って様々な議論が行われてきた。「就職情報サイトは、これまでよりも低コストで、かつ広範囲に募集情報を届けることができるという利便性を企業に提供した」という主張もあれば、「就職情報サイトは、さほど志望度の高くない企業に、とりあえずエントリーする求職者の増大を招き、候補者群の質の低下を招いた」という主張もある。

こうした論争に深入りする気はないが、ここでは就職情報サイトがもたらしたものは一体なんだったのかということについて、私なりの考えを述べておきたい。

結論から言えば、就職情報サイトそのものの是非を問うことには、あまり意味がない。就職情報サイトの登場になんらかの問題があったとすれば、それはサイトの持つ機能そのものというよりは、むしろ就職情報サイト運用のあり方、そしてユーザーである企業によるサイト活用のあり方の方である。

今、日本の採用が抱える問題は、日本企業と就職情報産業双方によって悪意なく引き起こされた、意図せざる結果として理解されるべきだというのが私の意見だ。もう少し詳しく、説明してみたい。

リクルートを創業した江副浩正の問題意識は、当時の日本の新卒労働市場が、地理的、学歴的に、またその他様々な壁によって分断されており、それが学生側と企業側との間に大きな情報のギャップを生んでいること、そしてそのギャップによって、本来達成されるべき求職者と求人側とのマッチングが大いに阻害されていること、にあったに違いない。こうしたギャップを解消するためのメディアこそが『リクルートブック（企業への招待）』であり、その技術的な延長線上にあるのが「リクナビ」であったわけだ。『リクルートブック』なり「リクナビ」が、学生側と企業側の情報のギャップをかなりの程度解消し、新卒労働市場の健全化に寄与したことは間違いない。この点をまず押さえておかなければならない。

とはいえ、就職情報企業側に問題がないわけではなかった。大きく分けて、二つの問題を指摘しておきたい。

まず一つ目は、就職情報サイトが日本の採用・就職のスタンダードとして定着した結果、企業の内部から、採用力の一部が失われていったということだ。既に書いたように、新卒一括採用が定着した明治期以来、学校推薦に典型的に見られるような企業と学校との直接的なつながりが、日本企業と求職者を結ぶチャネルとして重要な意味を持っていた。裏を返せばこれは、企業の経営者あるいは採用担当者と、学校の就職担当者との間に強力な人脈が形成されていたということに他ならない。学生を送り出す大学なり高等学校、そこに所属する教員への信頼があればこそ、企業は特定の学校から見ず知らずの学生を採用することができたわけだ。

学校側からすれば、信頼の置ける経営者なり採用担当者がいる会社だからこそ、自校の学生を安心して送り出せたのである。就職情報サイトの登場は、こうした人脈の重要性を低下させることになる。

学校から企業への人材の移動が、人脈のようにローカルで、閉鎖的で、属人的なチャネルによって行われている――江副が問題視したのは、まさにこうした状況であった。募集チャネルとして就職情報サイトが普及するにつれて、企業の経営者や採用担当者と、学校との直接的なつながりは、急速に薄れていった。

就職情報サイトの普及とあわせて、就職情報企業のビジネスモデルの中に、企業の採用業務への支援が組み込まれていったことも見逃せない。上記のように学校との直接的なつながりを失った企業にとって、就職情報サイトが不可欠のツールになっていたわけであるが、就職情報企業はあわせて、採用基準の設定や面接のアレンジメント、人材定着施策の立案に至るまで、採用のその他の機能に関するサービスの提供も始めた。就職情報企業には、多くの優秀なコンサルタントがいたから、企業としては、こうしたサービスを頼りに自社の採用をデザインすることができたわけだ。

しかしこれは同時に、日本企業の中に採用のプロフェッショナルを生みにくくする構造でもある。このこともまた、就職情報サイトや就職情報企業がもつ本来の機能が抱える問題では決してなく、そこから（悪意なく）派生していったサービスが、意図せざる形で産んだ結果だと言えるだろう。

就職情報サイトによってもたらされた二つ目の問題は、情報のギャップを埋めるために登場したはずの就職情報サイトの中に、いつの間にか、見えざる情報のギャップが混入してしまった、ということだ。

企業側の募集情報を可能な限りオープンにし、地理的、学歴的な障壁による情報ギャップを解消するはずの就職情報サイトであるが、千葉商科大学の常見陽平氏が『「就活」と日本社会―平等幻想を超えて』（ＮＨＫ出版）でするどく指摘しているように、そこにはいつの間にか見えざるフィルターが入り込んでしまった。ここには、日本企業そして就職情報企業の瑕疵があったといえる。くどいようだが、これも就職情報サイトそのものの問題ではない。

【表2―1】をもとに、まとめてみたい。まず就職情報サイトは、学生と企業の情報のギャップ

【表 2-1】 就職情報サイトができたことにより、学生側・企業側のギャップが解消された一方で、損なわれたことも顕著となった。

就職情報サイトによって学生側と企業側のギャップが解消される	→	就職情報サイトが日本の採用・就職情報のスタンダードとして定着する
↓		↓
ただし実態としては学歴等による見えざるフィルターが残存する		採用担当者の人脈や採用デザイン力の重要性の低下
↓		↓
それが顕在化していないからエントリー数がますます膨らむ		採用機能のアウトソーシングの進行
↓		↓
こうした事態を見て、企業と就職情報企業は、見えざるフィルターの必要性を再認識する		採用担当者の人脈や採用デザイン力のさらなる低下

をある程度解消した。これを契機に、二つのことが起こった。

まず一つは、サイトの利便性ゆえに多くの企業・求職者にこのサイトが普及し、採用担当者が多くの努力を費やさずとも、また彼（女）らの人脈なしでも、企業は求職者にアプローチし、集めることができるようになった。ここに日本企業の採用力の低下が始まり、そこに就職情報企業が提供するその他のサービスが普及する土台ができた。それがまた、さらなる日本企業の採用力の低下を招いた。

もう一つは、多くの情報ギャップが解消された一方で、密かに、そして確実に、「見えざるフィルター」が持ち込まれた（あるいは、残存した）ことだ。情報サイトは、そもそも、求職者にとって企業へのエントリーのコストを下げるものであるから、結局、企業へのエントリーの数は全体として増加する。すると企業としては、これを何とかして減らそうと、なんらかのフィルター機能を設けておく必要がある。

加えて注目したいのが、就職情報サイトの勢力図だ。登録数ベースでみると、これまでの調査ではすべて、「リクナビ」が「マイナビ」を上回るポイントを獲得してきた。ところが2016年卒業者を対象とした採用シーズンにおいて、文系、理系同時に初めて「マイナビ」が「リクナビ」を上回った。2016年卒向けの情報掲載企業数（2015年5月8日時点）でみても、「マイナビ」が1万5353社であるのに対して、「リクナビ」1万2555社と、「マイナビ」が約2800社も上回る結果となった。HR総研（ProFuture社が運営する調査・研究機関）の調査によれば、学生の活用度の点においても、「マイナビ」が「リクナビ」を凌駕した。「活用している就職ナビの中で最も活用している就職ナビ」を一つだけ選択してもらう形式で質問をしたところ、2015年卒においては、文系49％、理系57％と「リクナビ」のほうが学生に活用されていたのに対して、2016年卒では、「リクナビ」を選択する学生が文理それぞれ31％、42％と減少し、代わって「マイナビ」が文系で48％、理系で47％へと増加していた。

ところが2017年卒向けになると、掲載企業数において「リクナビ」が再度首位に返り咲くことになった。情報掲載企業数、学生の活用度の両面において、「マイナビ」と「リクナビ」が拮抗するようになっただけでなく、企業から学生にアプローチする逆求人型サイトの台頭が著しくなるなど、就職情報企業にとっても、重要な転換点を迎えつつあるのかもしれない。

就職情報サイトが日本の採用のインフラとして重要な意味を持ち、就職情報企業が日本の採用のキープレーヤーであること自体は、しばらく変わらないだろうが、第5章でみるような動きが今後拡大していけば、この構造も少しずつ変わっていくはずである。その時就職情報企業は、そして就職情報サイトは、日本の採用に対してどのような役割を果たしていくのか、注目していきたい。

第3章　なぜ、あの会社には良い人が集まるのか

科学的手法を用いるとは？

期待と能力評価基準の曖昧化、そして採用活動の過熱化――。日本の採用は問題を抱えており、その多くは、決して単純なものではないし、こうすればよいという簡単な解決策のないものばかりだ。そもそも、無数の見ず知らずの企業と求職者が出会って、その中からお互いのパートナーとなる相手の候補を絞り込んで、お互いを見定めて、惹かれ合って、特定の相手と長期的な関係を結ぶという難しい問題に、答えなどあるのだろうかと思いたくもなる。

たしかに、採用に限らず、企業の経営において、どの企業にも当てはまる「普遍解」のようなものを探すのは難しい。各企業が直面している環境や状況が、あまりに違うからだ。知名度が高く、放っておいても数千から数万ものエントリーがある人気企業がある一方で、募集人数と同じ数のエントリー数を確保するのにも苦労する企業がある。

人事部の中に独立した採用担当部署があって、専属の採用担当者がいる企業もあれば、そもそ

も人事部という独立した部署自体がなく、通常は他部署にいる者が、採用担当者を掛け持ちせざるを得ない会社だってある。このように様々な企業がある中で、「募集情報にはこういう文言を入れておいた方がいい」とか、「面接の回数は何回までがいい」といったレベルでの「普遍解」を提示することは、ほとんど絶望的である。

ただ、「普遍解」はないけれども、多くの企業が「自社なりの解」を導き出すための「ロジック」(論理)と「エビデンス」(根拠:序章参照)ならある(と私は信じている)。そして欧米の研究者たちは、まさにこうした「ロジック」と「エビデンス」を発見するための試みを、既に始めているのだ。「採用学」が目指すのもまた、こうした「ロジック」と「エビデンス」の発見に他ならない。

本章と第4章では、世界の研究者たちの問題意識と、科学的手法によって明らかにされた「ロジック」と「エビデンス」の中で、実践的に役立つものを紹介していきたい。この章ではまず、募集・選抜のフェーズにおいて、どのように人材を集めて、自社にとって魅力的な人材を引き止めるかという点を、第4章では、集めた候補者群の中からどのようにして優秀な人材を見極めるか、という点を考える。第1章で見たように、求職者の主要な意思決定は、(1)特定の企業にエントリーするかどうか、(2)そこで就職活動を続けるか、(3)内定を受け容れるかどうか、という三点から構成される。では、それぞれについて、科学が明らかにした「ロジック」と「エビデンス」を見ていこう。

入社後のリアリティ・ショック

第2章でのべたように、『リクルートブック』の登場以来、日本企業の採用は、主として大きな候補者群を形成することに重点を置いてきた。優秀な人を取りこぼさないように、まずは自社にとって魅力的でない人材も含めて、大規模な候補者群を形成する必要があり、そのために、自社に関するネガティブな情報を提示することはできる限り控え、反対に、可能な限りポジティブな情報を提供する。これが基本的な考え方だった。

アメリカにおいても状況はほとんど同じだった。既に紹介したジョン・ワナウスは、アメリカでも「求職者に対してその企業が〝魅力的〟に見えるような情報を提示して、応募者の数を多くしたうえで、その上澄みにあたる人たちを選抜する」という考え方が一般的だったと指摘している。このやり方の背景には、選抜の対象となる候補者群の形成段階で、優秀な人を取りこぼさないようにする必要がある、という想いがあるのだが、それが企業にとっても求職者にとってもよくない結果をもたらすということが、日米の実証研究によって報告されている。企業としては、ポジティブな情報によって多くの求職者を惹きつけたいわけだが、それはそのまま、選抜段階で相手をする候補者の数を増やすことを意味する。募集段階で大量の候補者群を抱え込むことが、選抜のコストを押し上げてしまうことは既に述べたとおりである。

しかも、「わが社はグローバルな人材の育成に力を入れている」「若手のころから、活躍できる場を提供している」といった魅力的なフレーズは、入社してくる新人たちの期待を引き上げるから、結局、現実的な相互期待のマッチングがなされていない多くの社員を生み出してしまう。

また、募集段階で十分な情報が与えられない場合、求職者は企業に対する自分の勝手なイメージと、これまでに接した一部の企業の人たちとのやり取りだけを手掛かりに、その企業やそこでの仕事に対する勝手な期待を形成していく。「有名企業だから給与が高いに違いない」といった思い込みが起こったり、会社説明会にやってきた人事担当者を見てその会社で働く人々のことを類推したりする、といったことが起こりうるわけだ。

そして、こうした期待のミスマッチは、「リアリティ・ショック（reality shock）」という形で、入社後に顕在化する。リアリティ・ショックとは、人が新しい社会、新しい組織、新しい状況に直面した際に、その人がそれに対して事前に抱いていた期待と、彼（女）自身が実際に目にした現実との間のズレによって引き起こされる「衝撃」をさす。

たとえば、初めて海外での生活をするような場合、私たちはその国について、自分たちが手にしうる情報源から情報を集めようとする。そうして、その国の文化、風土、人々の行動パターンや慣行などについて、自分なりの理解と期待を形成していくのだが、現実は、必ずしも期待通りにはならない。「個人主義の国だとは聞いていたけれど、ここまで個人主義的だったとは……」などといった衝撃と同様である。

就職活動中の様々な情報源から、求職者たちはその企業の組織のあり方、仕事、文化といった様々な点について情報を集め、彼（女）らなりの期待を形成する。日本企業のように、募集情報にポジティブなメッセージがふんだんに含まれている場合、期待は大きく膨らむことになる。

こうした期待は、入社後にはじめて現実とのすり合わせが行われる。そして、驚く。このようなリアリティ・ショックは、新人の離職につながることが実証されているから、問題は深刻である。企業が採用段階で提供する情報のリアリズムに注目した神戸大学の金井壽宏教授の研究では、募集・採用段階で、職務に関わるネガティブな情報が隠され、ポジティブな情報だけが提示されると、入社後の会社への「幻滅」が誘発されることが示されている。また私自身の研究においても、教育研修やキャリア、昇進といった部分で、社員と企業の間の期待のミスマッチが入社後に大きな問題として表出することがわかっている。

ホントの情報を与える

こうした期待のミスマッチ問題に対して、一つの重要な提案を行ったのが先に紹介したワナウスだ。「ポジティブな情報」を中心に、「多くの求職者」を惹きつけ、その中から「優秀な上澄みの人を選ぶ」という伝統的な採用のあり方へのアンチテーゼとして、ワナウスが提唱したのが「現実路線の採用（realistic recruitment）」だった。一言でいえば、「すべての適切な情報をゆがめることなく求職者に対して伝える」という採用のあり方だ。

ワナウスは、アメリカの電話会社ＳＮＥＴ社の社員を対象に、【表3−1】のような募集情報の映像を見せるという実験を行った。一つのグループには、右側のようなポジティブなことばかりが含まれた映像を、そしてもう一つのグループには左側のような「リアルな情報」がふんだんに盛り込まれた映像を、まずは共通な内容を見せた後、それぞれ15分ずつ見せた。ここで、左側のＲＪＰ（realistic job preview：現実的な職務予告）に基づく「リアルな情報」には、必ずしもネガ

【表3-1】 RJPに基づく募集情報と、伝統的な募集情報。左側の情報を見た被験者は、右側の情報を見た被験者よりも、企業に対する期待が抑制されていた。

RJPに基づく募集情報	伝統的な募集情報
1. 多様性に欠ける仕事 2. ルーティンかつ退屈な業務 3. 詳細で細かい監督。自由度が低い 4. 職場で友達ができにくい 5. 間違った行動をとると否定されるが、良いことをしても賞賛はされない 6. 当初は挑戦的だが、慣れると簡単で挑戦的でなくなる	1. みんなが楽しげに働いている 2. 興奮するような仕事 3. 大切な仕事 4. 挑戦的な仕事

ティブなものだけが含まれるわけではないことに注意が必要だ。「リアル」とは何も会社や仕事の厳しさや悪い情報ばかりではない。

さてこれら二つのグループについて、給与、昇進可能性、同僚といった点に対する期待の水準について尋ねたところ、後者の「リアルな情報」を見せられた実験群の方が、前者よりも期待が抑制されていた。仕事に関するリアルな募集情報(RJP)の提示が、求職者の期待のインフレーションを抑止する効果があることが確認されたのだ。

こうした研究からワナウスは、RJPには少なくとも三つの効果があると主張している。

①ワクチン効果

ワクチン効果とは本来、各種の病原体の免疫を持たない者に対して、抗原物質(ワクチン)を事前に投与することで、当該病原体に対する免疫を形成することを指すのだが、これと同じことが採用の文脈でも成り立つ。つまり会社に入ってからのさまざまなリアル（現実）に対して幻滅することがないように、事前にネガティブなことも含めて接種しておく、という発想だ。

たとえば「我が社は給与水準は高いが、その代わり他社に比べてハードワークだ。どのくらいハードかというと……」というように現実的に期待できること、できないことを、入社時点から明確にしておくことで、期待の抑制と現実化が起こる。

②自己選抜効果・マッチング効果

二つ目は、このように事前にリアルな情報開示をすることで、ミスマッチによって入社後に会社を辞める可能性の高い潜在的な離職者たちのエントリーが抑制される、という効果である。こうした求職者自身による自己選抜を採用の早期の段階で行うことで、入社前に期待のミスマッチングを顕在化させてしまうということが可能になるのだ。逆にいえば、そうした情報を知ってもなお、その企業にエントリーしてくる求職者たちは、企業との間で高いレベルでの期待のマッチングがなされていることになる。

③コミットメント効果

リアルな情報の提供は、求職者の目には、誠実で正直な企業として映る。企業の誠実さに対する求職者のポジティブな評価をもたらし、入社後の高いコミットメントを引き出す。

ワナウスらの一連の研究が示しているのは、募集段階でリアルな情報を提示すると、その結果として求職者による自己選抜が作動し、候補者群に含まれる人材の数が減少するが、それは企業にとって決して損にならない、ということだ。

リアルな情報の提示は、当該企業に強い興味を持っていない求職者たちにとっての当該企業の魅力度を引き下げ、結果として、エントリー数を減少させることになる。またリアルな情報は求職者の期待のインフレーションを抑制するため、候補者群に含まれる求職者たちは、かなり現実的な期待を形成していることになり、採用後の離職の可能性が低下する。つまり、求職者による自己選抜を通じて候補者の量を減らしつつ、その質を高める方法だといえよう。募集のもっとも重要な役割は、募集情報の提示によって求職者の自己選抜を促し、候補者群における企業と求職者の間の期待のマッチングを高い精度で行うことに他ならない。

候補者の数が減少すること自体にも、大きなメリットがある。既に述べたように、募集段階で大量の候補者を集めることを目指す日本企業の選抜は、採用担当者に多くのコストを課す。採用担当者はまず、エントリー終了後に、集まってきた大量の候補者について、履歴書や紙ベースの適性試験、エントリーシート審査などによる絞り込みを行う。採用担当者の人数は、従業員規模1000人以上~3000人未満の企業で専任兼任合わせてせいぜい5、6名、それ以下の規模の企業になると専任兼任合わせて3、4名程度。

実際に応募してくる求職者の数は、とりあえず登録しておくだけの状態であるプレエントリーを除いても、人気企業の場合には、数千から多い場合には数万人にものぼる。つまりごく単純な計算ではあるが、担当者1人当たり数百~数千ものエントリーシートをチェックしていることになる。

企業にとって魅力的でない求職者、企業に対して非現実的な期待をもったままエントリーしてきた求職者が大量に含まれている以上、このような作業は欠かせないわけだが、このような状態で、果たしてどこまで、求職者の期待や能力の見極めができているのだろうか。時間と手間をかけて、一人一人の求職者のエントリーシートなどを精査している企業があるとしても（ただただ、敬服するしかない）、採用担当者がそれに費やす時間と労力は、相当なものになる。

もちろん、エントリー段階での自己選抜を促し、候補者を減少させるための仕組みとしては、これ以外にもさまざまな方法がありうる。

〈エントリーシートの負荷を重くする〉

企画書、論文、半生を書かせるものまで、さまざまな形式がある。リクルートキャリアの調べによると、エントリーシート作成にかかる時間は手書きのものだと1社につき平均2時間程度。企画書や論文を書くものだと、もっと時間がかかる。こうして負荷をかけることにより、応募数を最適化しようとするやり方だ。

〈エントリーの要件を明示する〉

ある一定の要件を満たした求職者だけを選抜へと進めることを決めているのであれば、そのことを明示することをお勧めしたい。TOEICスコア600点以上であることなど、どのような基準であっても、募集段階でそれを明示すべきだと思う。期待、能力の両面で、エントリーの要件を明示することで、リアルな情報の提示と同じような効果が期待できる。

〈インターンシップへの参加を必須にする〉

エントリーをするためには、その会社でのインターンシップを必須にする、という方法もある。採用側にとってはコストも時間もかかる方法だが、かなりの時間を拘束されることになる求職者にとっても同じことだ。その意味で、インターンと選考を連動させること自体が、エントリー段階における自己選抜につながる。

いずれにせよ、募集段階での自己選抜による候補者数の減少は、それが適切に行われてさえいれば、採用担当者のコストを大幅に削減し、一人一人の候補者の選抜にかける時間を大幅に増やすことに寄与する。これまでエントリーシートの精査に割いていた時間を、絞り込まれた良質な求職者のために割くことができるようになり、選抜段階の密度を格段に高めることになるだろう。

現実路線の採用が効かない場合

「多くの求職者を集めること」に重きを置いた伝統的な採用が、必ずしも唯一最善のやり方でないことを、理解していただけたと思う。第2章で解説した「採用活動の過熱化」の原因の一端が、そのような募集のあり方にあるとすれば、ワナウスの研究は、日本企業の採用現場が抱えるこうした事態に対して、極めて有効な示唆を与えるように思われる。

ただ、現実路線の採用が、いついかなるときにも、そしてどのような企業においても機能するわけではない。ワナウス自身も認めているように、これが機能する条件というのがある。いくつか、重要なものをあげておきたい。

一つ目は、労働市場の状況である。労働市場が相対的に売り手市場であり、求職者にとって就職可能な選択肢が複数あるような場合であれば、企業から提供されるリアルな情報は求職者自身による自己選抜のための情報として機能するはずだ。ところが、労働市場が極端な買い手市場となり、求職者にとって就職先が極めて限られているような場合、多少のリアルな情報であっても、彼らはそれをもって自己選抜をすることはないだろう。つまり、現実路線の採用が機能するのは、求職者がある程度の選択肢を持ち合わせているような状況においてである。

二つ目は、競争率の高さである。競争率とは、求職者の総数／採用予定人数である。競争率が低いということは、採用予定人数に対して求職者の数が極めて少ないような状態を指しているのだが、この場合には、現実路線の採用はうまくいかない。求職者数が相対的に少なく採用予定人数にも満たないような状況だと、企業としてはＲＪＰ（ｐ93参照）によって応募者の数を減らすどころか、いかにして応募者を確保するかということが問題となる。反対に、求職者の数が採用予定者の数に比べて十分に多い場合には、ＲＪＰを通じて会社や仕事内容についてリアルな情報を開示することで、本当にその会社や仕事に向いている人だけに絞り込めるメリットが大きい。

三つ目は、仕事の種類である。そもそも現実路線の採用が重要になってきた背景には、多くの仕事において、会社側と求職者側との間に大きな情報のギャップ（一方はそのことについて多くの情報を持っているのに対して、他方はそれについて十分な情報を持たない状況、経済学でいう情報の非対称性）があることがある。企業側は、当然のことながら会社や、仕事の内容について、十分な情報を持っている一方で、求職者はそれを持たない。しかも、企業側はリアルな情報を出したがらない。だからこそ、期待のインフレーションが起こったり、限られた一般的な情報に基づく期待の形成が起こるわけだ。

ただ、特定のプログラムを使って仕事をするエンジニアや電話のオペレータなど、職種によっては、仕事の内容が事前にかなりの程度クリアになっていることもある。このような場合には、それを改めて求職者に対して開示しても、自己選抜や期待のマッチングをそれ以上高めることはない。つまり、外部者にとって当該組織の仕事が、わかりにくい、見えにくい場合に、ＲＪＰが機能するのである。

募集情報を熟読しない

募集段階での目標は、求職者側と企業側との期待を可能な限りすり合わせ、候補者群に含まれる候補者のすべてが企業に対して現実的な期待を持っているような状態を作り上げることだ。既に述べたように、これは企業側が提供する募集情報に反応して求職者側が行う自己選抜によって可能になる。

たとえば、企業側が「わが社はグローバルカンパニーを目指しており、海外に複数の拠点を持っているが、英語力を養成するような余裕はありません。それはご自分で！」ということを募集情報に書けば、海外で働くための英語力の養成を企業に期待している求職者はエントリーしてこなくなるに違いない。効果的な候補者群の形成には、この自己選抜が欠かせない。繰り返し述べているように、採用において最初に選抜を行うのは、まさに求職者側なのだ。

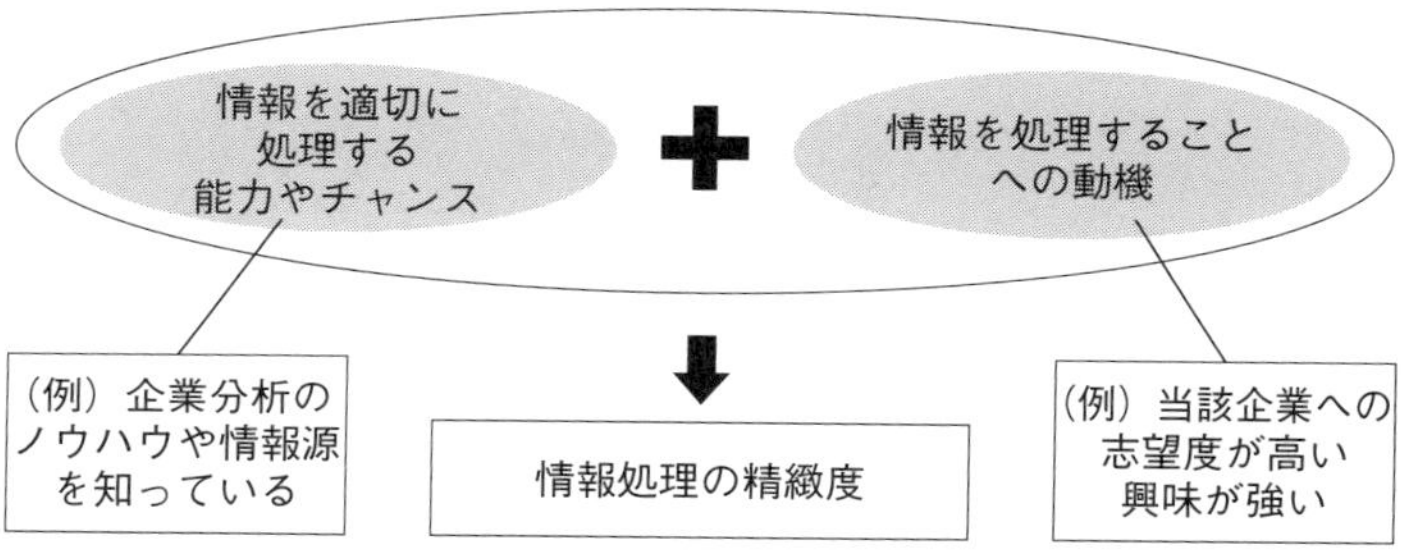

【図3–1】　精緻化見込みモデル。意思決定に際して、個人が受け取った情報をどの程度精査するか、ということを説明するモデル。

ただ、この自己選抜、実際にはそれほど簡単なことではない。その最大の理由は、企業側が丁寧に募集情報を作りこみ、発信したとしても、多くの求職者がそれを丁寧に見ずにエントリーを行ってしまうからである。つまり求職者は、「募集情報の処理をさぼる」というわけだ。この点について、研究者たちの知見が参考になる。

広告やマーケティングの分野では、消費者が商品に関わるさまざまな情報を精査するかどうかを説明するモデルとして、「精緻化見込みモデル」というものがあるが、求職者の行動もこれによってある程度説明することができる（【図3–1】）。

このモデルを提唱したペティとカチオッポによれば、私たちは日常的にさまざまなところから情報を収集するのだが、それらをすべて丁寧に検討することはあまりない。そうした情報がどの程度精査されるかという見込みは、二つの要因によって決まる。

一つは、そうした情報を適切に処理するだけの能力やチャンスを、本人が持っているかどうか。もう一つは、そうした情報を処理することに対して、強い動機を持っているかどうかだ。

たとえばいま仮に、かなり高度なスペック（エンジンの性能、サスペンションの機能、最大出力やトルクなど）を有する自動車のニューモデルのパンフレットを手にしたとしよう。あなたがもし、自動車のスペックに関してある程度高いレベルの知識を有していて、かつその情報があなたにとって大事な意味を持つ場合（たとえば、ちょうど自動車の購入を考えているとか、あなたが自動車好きで、純粋にそのニューモデルに興味がある、といった場合）、あなたはそのパンフレットを丁寧に読み込むことだろう。高水準の情報の精緻化が行われる見込みが高いわけだ。

反対に、その情報があなたにとってまったく興味のないものであったり（たとえば、自動車の購入など考えていなかったり、自動車に興味がなかったり）、興味があったとしても理解不能なほど難解だったりすれば、その情報は無視される可能性が高い。その場合あなたは、価格や外見、広告から受け取るイメージ、企業のブランドイメージやディーラーの担当者の雰囲気といった、周辺的な手掛かりをもとに、その製品に対する判断を下すはずだ。情報の精緻化が「低水準」で行われる見込みが高いというわけだ。

これがペティとカチオッポが提唱する「精緻化見込みモデル」の概要なのだが、このモデルは採用の研究者たちの間でも注目されている。新卒採用の場合、求職者である学生の多くが、企業のさまざまな情報を精査するやり方であったり、ポイントであったりを、まだ十分に身に着けていない可能性が高い。就職活動の初期段階であればなおさら、情報を適切に処理するだけの能力やチャンスを持ち合わせていないことだろう。したがってこの段階では、特定のキーワード（たとえば、グローバル、上場企業など)、リクルーターや採用担当者の印象、企業や製品・サービスの印象といった、周辺的で曖昧な情報を手掛かりに、企業へのエントリーを決断することになる。

この段階では、意思決定が行われる際のリスクは二つある。

一つは、求職者が情報処理をサボる可能性が高いため、求職者による自己選抜は、企業が意図したほどには起こらないことである。求職者による自己選抜が機能するかどうかは、企業側が発する募集関連情報を、求職者がある程度注意深く観察し、自らの期待と企業が提示する期待との間のズレについて思考するかどうかにかかっている。情報処理のサボリが起こってしまうと、企業が意図したような自己選抜が行われず、期待のマッチングがなされることなく、大量のエントリーが行われてしまう。

もう一つのリスクは、求職者がリアルな(時にネガティブな)情報にばかり反応してしまい、本来その企業にとって必要な、優秀な求職者まで自己選抜してしまうというリスクだ。募集段階におけるリアルな情報の提供は、求職者の自己選抜をうながす「篩い分け」を目的とした情報の提供でもある。おそらく、多くの企業にとってはこちらの方が深刻だろう。これも、大量の候補者群の形成を目指した採用が根強く残っている一つの理由だろう。

前者は、求職者による自己選抜の不足の問題、後者は自己選抜が過剰になってしまうという問題だが、いずれも情報処理のサボリに由来する。

ただし、幾つかの企業から内(々)定通知を受けるような段階になると、状況は違ってくる。ここまでくると、求職者の多くが、企業の善し悪しを判断するだけの能力を持ち合わせているだろうし、既に複数の企業との接触を持っているため、特定の企業を評価するための材料も持っている。したがってこの段階では、企業の仕事内容や組織に対しての評価はもちろん、選抜プロセスの善し悪しや面接官の発言内容、そして福利厚生の中身に至るまで、さまざまな具体的な要因を考慮した上で、意思決定を行うことになると予想されるのだ。

このモデルを裏付けるような結果も、既に報告されはじめている。たとえば、これまで世界中で蓄積された71の実証研究を総括したカルガリー大学のデレク・チャップマンらの分析によれば、(1)企業へのエントリーや(2)特定の企業での就職活動の継続という、就職活動前期から中期の意思決定においては、「自分と企業がフィットしているかどうか」というような曖昧な点が重視される(【図3-2】)。

他方、(3)内定の受け容れの意思決定においては、それに加えて、「リクルーターの行動や発する言葉、プロフィール」や「当該企業の仕事特性」「組織特性」「採用プロセスの妥当性(募集メッセージの信頼性、選抜手続きの一貫性、選考フローにおける不備のなさ等)」といった、複数の要因が影響を与えていることが明らかになっている。まさに精緻化見込みモデルが予測するように、求職者の意思決定は、活動開始当初の「採用担当者やリクルーター、そして企業イメージなど、曖昧でイメージ先行のもの」から、就職活動の進行とともに、「多様かつ具体的な点を総合的に考慮する、より精緻なもの」へとシフトしていくというのだ。

こうした問題に対処するために、採用側はまず、募集情報がすべて精査されるわけではない、という認識からスタートしなければならない。とくに、新卒採用の場合、求職者は特定の企業の

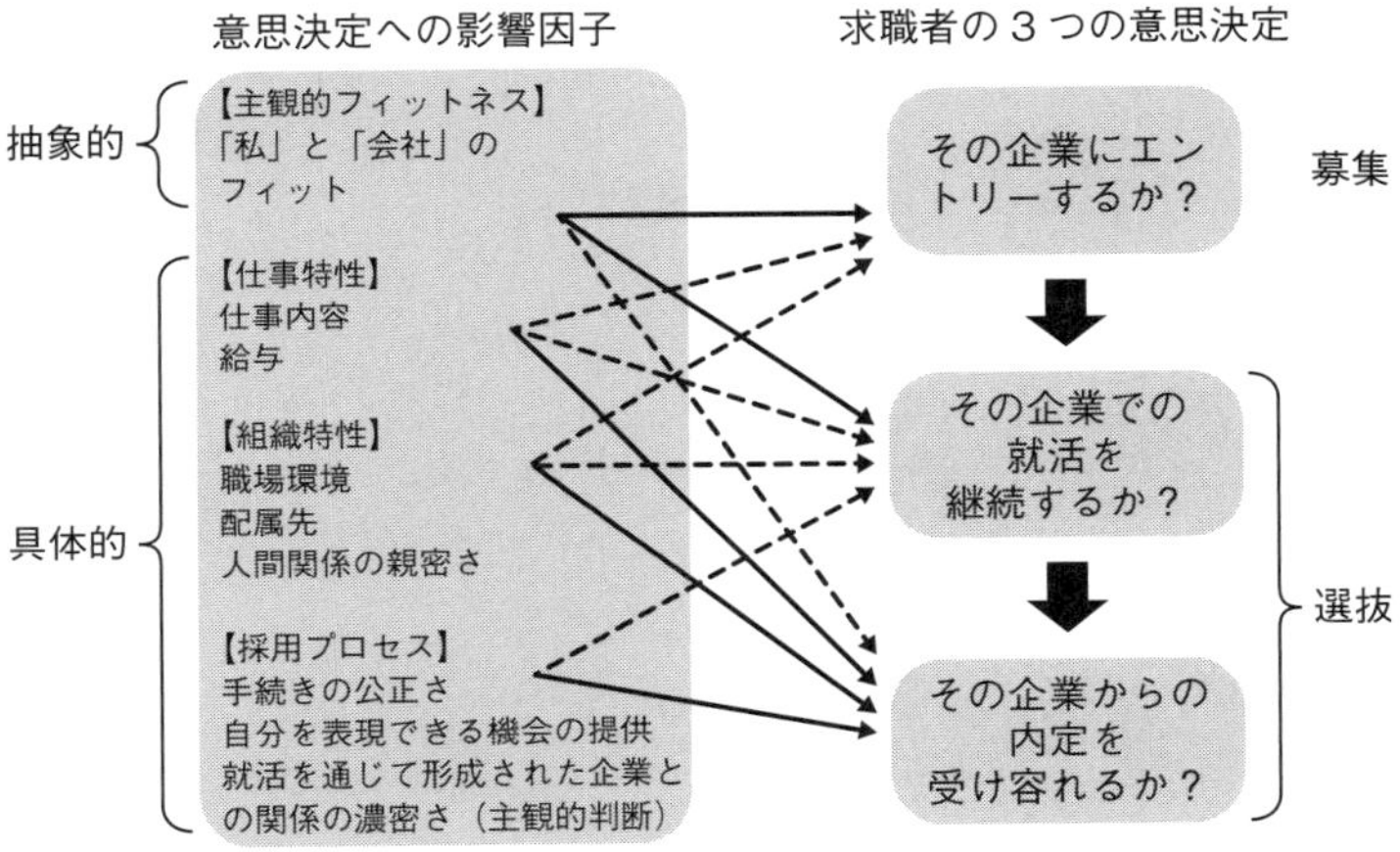

【図3-2】　求職者の意思決定に関する実証研究の結果。初期であるほど、曖昧で感覚的な意思決定も、後期になるほど、具体的で多様な要素を考慮した意思決定が行われる。矢印の実線は、影響が極めて強いことを、破線は影響が弱いことを示す。

募集情報を精査するだけの能力と動機を、ともに持ち合わせていないことが多いからなおさらだ。そのうえで重要なのは、求職者たちが注目するチャネルを効果的に使うことだ。研究が示すように、求職者はリクルーターや採用担当者に注目し、当該企業への印象を形成する。したがって、企業からすれば、こうした人たちの口から、求職者の自己選抜を促す①篩い分けを目的とした情報と、彼（女）らを惹きつける②売り込みを目的とした情報を、自社のリアルな現実として、簡潔で、わかりやすいメッセージとして伝達する必要があるだろう。

まとめると、「募集段階では、採用担当者やリクルーターを通じて、求職者が自社にポジティブなイメージを抱くような情報を発信する。そして後期になってからは、求職者の多様かつ精緻な情報収集に配慮しつつ、求職者との間に濃密な関係性を築けばよい」というのが、欧米の研究からの示唆である。

引き止めるために必要なこと

選抜段階で重要になるのが、自社にとって魅力的な求職者が離脱しないように、彼（女）らを会社に惹きつけ続けることだ。複数の企業にエントリーし、それらにおける選抜プロセスを並行して行っている求職者に対して、競合他社ではなくわが社へと目を向けさせ続けるための努力が欠かせない。

興味深いのは、実証研究の結果によれば、この段階の求職者は、入社前から持っていた企業の製品や組織に対するイメージ、会社説明会での採用担当者とのやり取り、また企業のホームページ情報やデザインなどを手掛かりに、会社との「主観的フィットネス」（この会社が自分にふさわしい、自分に合っているという感覚）を判断する。反対に、就職活動初期の段階の求職者たちは、仕事特性、組織特性のような客観的な情報について、それほど大きな注意を払わない。曖昧で、感覚的な、「フィーリング」に的を絞った活動を行っている、と言い換えてもいい（【図3-2】）。

そしてそのような主観的フィットネスに対してポジティブな影響を与えるのは、企業側による十分な情報の提供と情報伝達を行うチャネルの豊富さ、信頼性だ。

単純に、企業側から求職者に対して提供される情報量を多くすることが、求職者にとって企業のオープンさに対するポジティブな評価をもたらす。またそもそも、自分自身が望んでエントリーした場合、求職者はその選択が正しかったのだと思い<u>たい</u>ため、企業に関わる様々な情報の中

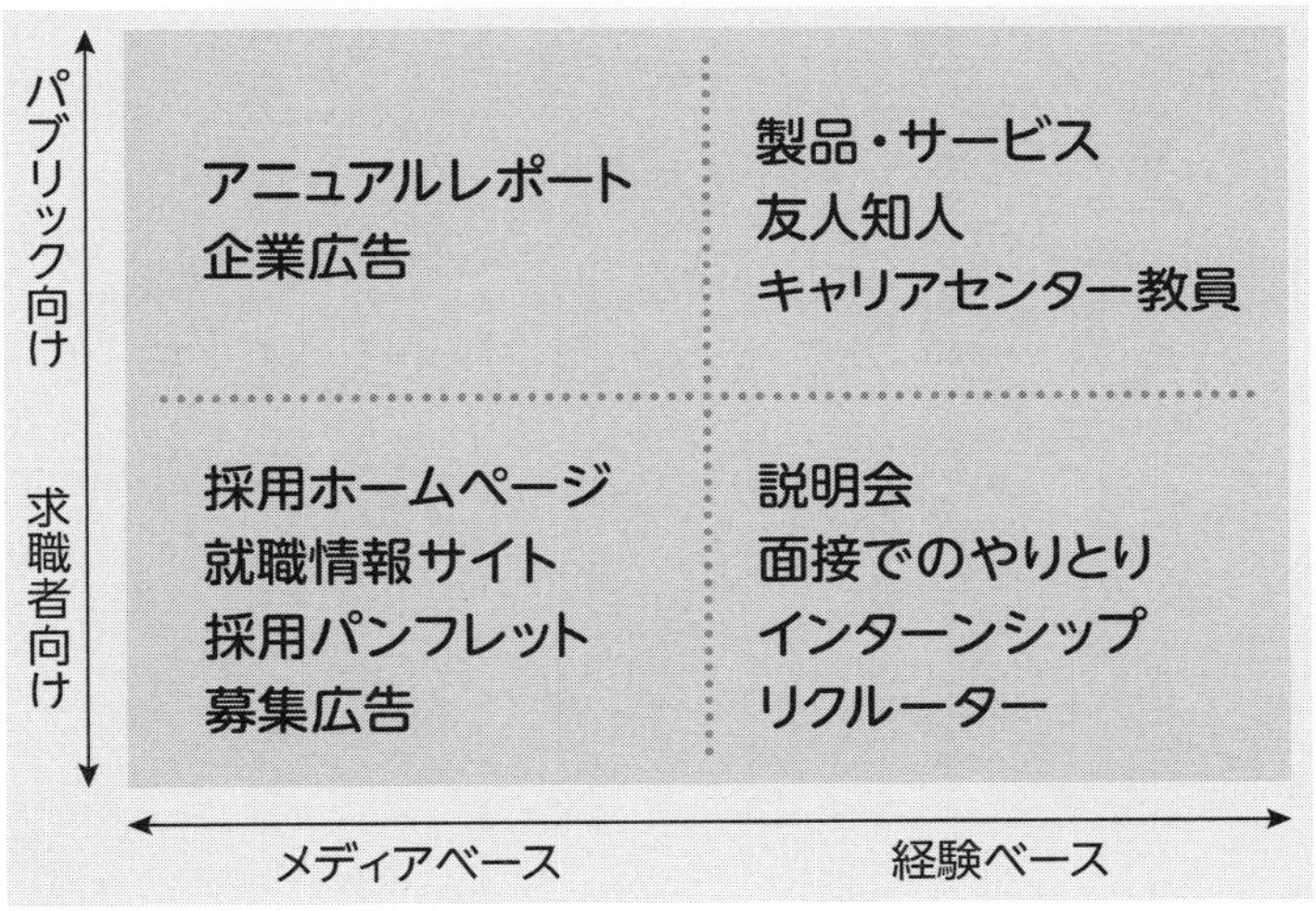

【図3-3】　求職者にとっての情報チャネル。パブリック向けに発信された情報、求職者自身が直接経験することで得た情報は、信頼性の高い情報として受け取られる。ケーブルとターバンの研究（2001）に基づき著者が作成。図・Studio Someone

でも、企業の魅力を伝えるようなポジティブな側面を選択的に収集する傾向がある。そのため、提供される情報量が多ければ多いほど、その企業に対する評価は高まることになる。

しかも、そうした情報が提供されるチャネルに配慮が必要だ。企業に関するポジティブな情報が得られたとしても、その情報チャネルへの信頼がなければ意味がない。産業・組織心理学者のケーブルとターバンの研究をもとに、求職者が活動中に利用する情報源を、【図3-3】のようにまとめてみよう。

横軸は、求職者がその情報を個人的な経験によって入手するのか（経験ベース）、なんらかのメディアを通じて手に入れるのか（メディアベース）、縦軸は、その情報源が求職者への「売り込み（自社の良い部分を見せ、求職者を集めること）」を目的として作られたものか（求職者向け）、それ以外の外部パブリック（株主、顧客などのステークホルダー）に向けられたものなのか（パブリック向け）によって、四つの象限に分かれている。

「経験ベース×求職者向け」の情報源としては、採用の説明会、面接でのやりとり、インターンシップ、リクルーターといったものが、「経験ベース×パブリック向け」としては企業の製品・サービス、キャリアセンターを含めた学校の教員・職員からの情報が、「メディアベース×求職者向け」には、採用ホームページ、就職情報サイト、採用パンフレット、その他の募集広告が、最後に「メディアベース×パブリック向け」には、企業のアニュアルレポートや（採用以外の）企業広告などが含まれる。

ケーブルとターバンによれば、このうち求職者は、メディアベースのものよりも経験ベース、求職者向けに発せられたものよりも、パブリック向けのものに、より高い信頼を置く。さらに、同じ情報が複数の情報ソースから一貫してもたらされた時には、その情報の信頼性が高く評価される。

たとえば、募集広告内の情報（メディアベース×求職者向け）や、企業の就職説明会での人事担当者のプレゼン（経験ベース×求職者向け）だけであれば、求職者としてはその情報の信憑性に対して慎重になることだろう。ところが、同じ情報がアニュアルレポート（メディアベース×パブリック向け）や友人知人からの口づて（経験ベース×パブリック向け）など、複数のチャネルからも同時にもたらされ、かつそうした情報が一貫していればその人にとってその情報の価値は飛躍的に高まる。

主観的フィットネスに加えて、採用フローが求職者にとって公正で妥当なものになっている、ということも重要だ。一方通行ではなく双方向のやりとりがなされていること、一人の候補者として大事に扱われているという感覚を求職者が持つことが、求職者にとっての企業の魅力を高める。他方、面接や説明会において採用担当者が一方的に話をして、求職者の話を聞かないこと、他の求職者にばかり関心を示し、自分が「あて馬」であることがまる分かりであること、採用候補者として「大事にされている」という感覚を持てないこと、そして一連の選抜プロセスにおいて、不手際が目立つこと（1次面接と2次面接の間隔が長すぎる、説明会の進行の段取りが悪いなど）が、求職者にとっての企業の魅力を、著しく下げることも分かっている。しかも、そうした傾向は、優秀な求職者ほど強い。

つまり選抜段階において企業は、求職者が自らと企業とのフィットネスを判断するための材料を、様々なチャネルとりわけ求職者にとって「信憑性が高い」チャネルを含めた複数のチャネルから、できるだけ多く提供すること、また面接をはじめとする選抜プロセスにおいて、遅れや不手際を極力排除し、一人一人の求職者の声に可能な限り耳を傾け、一人の候補者として尊重するといった、誠実な採用活動を行う必要があるのだ。

こうしたきめ細かい採用活動は、企業の採用コストを上げることになるのだが、それをしないことによって求職者のドロップアウトが起こることを考えれば、こうしたコストには十分意味がある。

内定受諾直前の心理

内定の受け容れを決定する段階になってからも、主観的なフィットネスの重要性は依然あるものの、その相対的な影響力は下がり、かわりに仕事特性や採用フローの妥当性といった要因が強い影響を持つようになる（【図3-2】）。いよいよ内定を受け容れて、その企業に入るかどうかを決定する段になると、当然のことながら曖昧で、感覚的なフィーリングレベルのフィットネスでは不十分になり、情報の精査が行われる、というわけだ。

『2016年卒マイナビ大学生就職意識調査』には、2016年卒採用の求職者に対して、「企業を選ぶときあなたが特に注目するポイント」（19項目の中から回答者に3つだけ回答させる／3月時点）について尋ねた項目がある（【表3-2】）。

それによると、求職者が「入社予定先企業を選択」するにあたってもっとも重視しているのは、19の項目のうち「自分が成長できる環境がある」かどうかであり、全体の35・1%がこれを選択している。ついで「社員の人間関係が良い」（33・1%）であり、「企業経営が安定している」（26・3%）と「希望する勤務地で働ける」（26・3%）が同率で3位、以降は「福利厚生制度が充実している」（24・0%）、「企業の成長性が見込める」（21・4%）、「社員が親身に対応してくれる」（18・4%）と続く。欧米の研究が示すように、勤務地や福利厚生や仕事内容など、様々な要因が考慮された上で、入社予定先企業が選択されていることがわかるだろう。多くの求職者は、企業の長期安定を前提に、職場での濃密な人間関係を通じて成長していくことを志向しており、

【表 3-2】 求職者による企業選択のポイント。多くの学生は職場での濃密で良好な人間関係の中で、安定して、成長していくことを求めている。2016年卒マイナビ大学生就職意識調査。

入社予定先企業を選択したポイント	ベスト3まで選択					
	順位	全体	文系男子	理系男子	文系女子	理系女子
自分が成長できる環境がある	1	35.1%	31.6%	35.0%	36.4%	37.8%
社員の人間関係が良い	2	33.1%	28.1%	29.3%	45.5%	25.2%
企業経営が安定している	3	26.3%	26.3%	31.8%	22.1%	22.0%
希望する勤務地で働ける	3	26.3%	14.0%	22.9%	35.1%	35.4%
福利厚生制度が充実している	5	24.0%	21.1%	26.1%	22.1%	27.6%
企業の成長性が見込める	6	21.4%	35.1%	20.4%	16.9%	11.8%
社員が親身に対応してくれる	7	18.4%	22.8%	10.2%	27.3%	13.4%
経営理念・企業理念に共感できる	8	16.4%	17.5%	10.8%	20.8%	18.9%
技術力がある	9	15.7%	8.8%	32.5%	1.3%	15.7%
業界上位である	10	15.3%	17.5%	20.4%	9.1%	12.6%
社会貢献度が高い	11	14.3%	21.1%	19.1%	5.2%	11.0%
給与や賞与が高い	11	14.3%	17.5%	13.4%	10.4%	18.9%
仕事を任せてもらえる	13	13.0%	19.3%	10.2%	11.7%	12.6%
国際的な仕事ができる	14	6.8%	5.3%	8.3%	7.8%	3.9%
女性が活躍している	15	6.7%	0.0%	0.0%	15.6%	15.0%
職種別採用がある	16	3.7%	1.8%	0.6%	7.8%	5.5%
商品企画力がある	17	3.5%	5.3%	3.8%	1.3%	4.7%
社員の話に説得力があった	18	3.4%	5.3%	3.2%	1.3%	5.5%
平均勤続年数が長い	19	2.1%	1.8%	1.9%	2.6%	2.4%

そうした環境を提供してくれる企業が選ばれている、ということになる。

求職者は、就職活動プロセスを通じて、就職というものに対する学習を積み重ねていく。就職活動の初期段階では、募集情報を分析するやり方やそのポイントを精査する知識や能力を十分に身に着けていない可能性が高い。加えて、複数の企業に同時並行的にエントリーしている段階では、特定の企業について組織のこと、仕事のこと、内定をもらえる見込みのことなど、一つ一つ考える強い動機はまだ持っていないに違いない。精緻化見込みモデルが示唆するように、募集情報を精査する能力と動機を持ち合わせていない求職者たちは、どうしても会社とのフィットネスとか、リクルーターの印象といった周辺的で曖昧な情報に頼りがちになる。

ところが、いよいよ内定を受けるころになると、さまざまな情報を精査する能力を身に着けているだろうし、既に面接などを複数回こなしており、さまざまな情報に触れる機会も増える。また特定の企業からの内定を受け容れることは、その企業に自分の人生の一部を預けることになるのだから、さまざまな情報を精査する動機を持つのは、当然といえる。だからこそ、チャップマンたちが報告したように、就職活動の初期段階ではフィーリング、最終段階ではより具体的な情報の精査、といったシフトが起こるのだ。

入社の意思決定をする段階での学生の悩みは深い。「複数の内定をもらったけれど、どの企業に入ったらいいか」「内定をもらったはいいが、このタイミングで就職活動をやめていいのか、それとももう少し続けてみたほうがいいのか」「もともと第1志望だった企業の選考はまだ1カ月先なのだけれど、まあまあ志望度の高い企業から内定をもらったし、そろそろ疲れてきたので就職活動を終わりにしようか」などなど。「悩み」の中身はさまざまだが、どれも理解できるような気がする。

ただ、この段階で求職者たちが抱えている「悩み」の構造そのものは、案外、シンプルであることが多い。多くの学生たちの悩みをあえてシンプルに言い換えるならば、「どの会社が、自分にとって良い会社なのかがわからない、自信が持てない」というモヤモヤ。もう少し具体的にいえば、(1)「自分はいまから、極めて大きな決断をしようとしている」という現実と、(2)「にもかかわらず、この会社に入ることが正しいことかどうかに関する確信が持てない」という現実の間の葛藤こそが、この時期の学生の心を支配しているといってよい。

このような人間の心の葛藤を、心理学の世界では「認知的不協和」と呼ぶ。ピアノの「ド」の鍵盤と「ラ」の鍵盤を同時にたたくと不協和音が鳴るのと同じように、(1)自分がいまから大きな決断をしようとしているという現実と、(2)にもかかわらず、この会社に入ることが正しいことかどうかに関する確信が持てないという事実が、頭の中で並存していることは、意思決定を行おうとする人間に大いなる不協和を経験させる。

したがって、入社の意思決定が気持ちよく行われるためには、こうした心の中の不協和音をいかに消すかということが、学生にとっても、企業にとっても重要になる。学生は、「仕事」「組織」「採用フローの妥当性」など、さまざまな情報をかき集め、列挙することで、この不協和音を消そうとする。場合によっては、先生に相談したり、親に聞いてみたり、ネットで調べてみたりして、それでも解消できなければ、「とりあえず、もうちょっと、他社も見てみたい」と考えたりするかもしれない。

採用担当者にとってはどうか。チャップマンの研究、そして『2016年卒マイナビ大学生就職意識調査』からわかるように、求職者が意思決定の際に考慮する項目はたくさんあるのだが、この中で、採用担当者にとって直接コントロール可能なものはというと意外と少ない。せいぜいチャップマンの研究でいう「採用プロセスの妥当性」、マイナビ調査でいえば「社員が親身に対応してくれる」という部分くらいなのかもしれない。募集広告や説明会、そして選考の場面で求職者との濃密な関係をどう築いていくのか。また一貫性のある採用フローをいかに計画し、いかに不備なく実行するか。このように一見自明で、どこまでも地味な作業の積み重ねこそが、自社に優秀な人材を取り込むためには重要なのかもしれない。少なくとも、科学の成果はそう語っている。

コラム3　入り口の多様化は何をもたらすか?

ここ数年の日本企業の採用行動の特徴として、採用の入り口の多様化があげられる（第5章）。就職情報サイトにより募集情報を提示して、エントリーシートや履歴書を集め、適性試験の結果を含めた最初の選抜を行い、そこで残った候補者に対して面接を複数回実施するといった一般的な入り口に加えて、インターンシップから最終面接まで一足飛びに進む入り口、大学からの推薦による入り口、一芸に秀でた人のための入り口などなど、いくつかのユニークな入り口を用意するケースをよく目にする。

企業はなぜ入り口を多様化しているのか。いろいろな理由が考えられるが、ここでは二つを指摘しておこう。

一つは、多様な入り口を設けることが、採用におけるリスクの分散になることだ。仮に特定の入り口での採用に失敗したとしても、他の入り口を残しておくことで、人材を確保することができないというリスクを回避することができる、というわけだ。

もう一つは、人材の多様化を図るため。第1章でも述べたように、組織や職場に同じメンバーが長期にわたって所属し続けると、「慣れ」や「同質化圧力」によって、人々の間の活発な情報交換の頻度が下がり、職場が閉塞的になっていく。だからこそ、新しいメンバーを迎え入れ、こうした閉塞感と硬直性を打ち破ることが採用に期待される重要な役割なのだが、第1章で紹介したシュナイダーがいうように、企業にエントリーする求職者は、自分と似ている、あるいは共感できる気質、価値観をもった経営者や人事担当者にひかれてエントリーをする。精緻化見込みモデルが示すように、募集段階では漠然とした企業イメージのような周辺的な情報によってエントリーをする可能性が極めて高いから、エントリーしてくる候補者群の中には、企業の既存のメンバーと似たような気質、価値観、思考パターンをもった個人が多数含まれる可能性が高い。

そこで企業は、入り口を多様化することで、候補者群に含まれる人材の多様化を図っているのだ。就職情報サイトから通常通りに応募をしてくる場合と、大学からの推薦を受けて応募してくる場合と、一芸採用のような形でやってくる場合とでは、そこに含まれる候補者たちの性格や特性、好み、仕事や会社に対する考え方などが異なっているはずである。したがって、採用の入り口を多様化することは、それぞれに異なる特性を持った個人が集まった複数の候補者群を持つことに他ならない。採用の入り口を多様なものにしておくことで、候補者群に含まれる求職者のタイプが多様になることが、欧米の実証研究でも報告されている。

第5章でとりあげる三幸製菓の「カフェテリア採用」は、まさに入り口の多様性の確保に貢献する実践の好例だ。詳しくは、第5章を見ていただきたいのだが、三幸製菓の「カフェテリア採用」は、求職者たちを一律に、同じ方式の下で募集し、選抜するのではなく、彼（女）らが自分自身のスタイルに合わせて、自分に最も合った募集・選抜のスタイルを選択するというやり方だ。

後に詳述するが、新潟で暮らし、働くことに興味を持ち、新潟を愛する人を対象とした「新潟採用」、おせんべいを愛してやまない人々を対象とした「おせんべい採用」といった複数の入り口を用意し、それぞれの入り口からエントリーしていた求職者に対して、それぞれ別々の選抜を行っていく。それまで新潟に縁もゆかりもなかったような大学生と、何らかの理由でその土地にゆかりを持ち、そこで働くことに強いこだわりを持っている大学生とでは、同社で働くことに対する想いや態度が異なってくるはずだ。同じように、おせんべいを愛してやまない人たちとそうでない人たちの間にも、三幸製菓で働くということに対してまったく異なった考え方が存在するはずだ。こうした多様な募集ソース（情報源）を通じてエントリーを受け付け、選抜を行っていくことで、多様な人材を確保することが「カフェテリア採用」の一つのねらいだ。

ただ、募集段階で多様性の高い候補者群を形成することが、そのまま人材の多様性につながるわけではない、ということにも注意が必要だ。募集段階で仮に、多様な入り口を用意し、さまざまな特性を持った求職者たちを集めることに成功したとしても、それにつづく選抜のやりかたによって、こうした多様性が削減されてしまうことが多々ある。

ある企業が、大学からの推薦による募集、一芸採用の募集、そしてナビサイトの募集という三つの入り口を用意したとしよう。大学推薦には、特定の分野における高いレベルの専門的知識を、一芸採用には、どんなジャンルであれ物事に没頭することができる愚直さを、そしてナビサイトからの募集には、コミュニケーション力と主体性をそれぞれ選考基準として設定したとする。このように入り口を分けたうえで、多くの場合行われるのが、面接試験だが、ここに落とし穴がある。

日本企業の採用では「コミュニケーション能力」「主体性」といった基準が設定されるのだが、面接の中で多くの場合、ただでさえ曖昧なこうした評価項目が、「この相手とは合いそうだ」「一緒に働いてみたい」といった、フィーリングによる評価へとスライドしていく。第2章で紹介した「採用基準の拡張」と呼ばれる現象だ。シュナイダーが主張するように、そもそも企業の中にはある程度均質化した特徴を持った人たちがいるわけだから、このような人たちが面接によってフィーリングの合う人たちを採用していくと、面接の結果として採用されることになる人材もまた、かなりの程度均質化したものになる。

選抜段階において、このような画一化された評価基準による面接が繰り返されることによって、募集段階で確保した人材の多様性は徐々に失われていくのだ。もちろん、候補者の中にそもそも多様な人材が含まれていなければ、どのような選抜を行ったとしても、多様な人材の採用をすることはできない。均質化された候補者群から多様な内定者集団を生み出すことは、どうあがいても無理だ。その意味で、候補者群を多様化することは、内定者集団の多様性を生み出すために必要な条件だと言える。内定者の多様性を確保するためには、募集段階において多様な人材を含む候補者群を形成することに加えて、その後の選抜段階において、そうした多様性を削減しないように、選抜基準そして選抜手法そのものを多様化する必要があるのだ。

コラム4　魅力的な「口づて」採用

欧米では、企業への入り口に関する研究がかなり蓄積されているのだが、その中で比較的多くの研究者によって取り組まれてきたのが「口づて（Word of mouth）」に関する研究だ。就職情報サイトや企業の募集ＨＰをみてエントリーをしてくる場合と、既存の社員の紹介のようなインフォーマルなルートからエントリーしてくる求職者とを比較する研究だ。

さまざまな知見が得られているのだが、中でも一貫した結果が報告されているのが、「口づてのように非公式なルートから得た情報に基づいて採用した人材は、企業に長期間とどまる可能性が高い」という結果だ。

その理由についてはさまざまな説明が行われてきたが、もっとも有力なのは、「現実的な情報仮説（realistic information hypothesis）」というものだ。「既存の社員にとっての知り合い」

あるいは「知り合いの知り合い」からの紹介や口づてによって入社した場合、募集・選抜の段階で、企業側は通常以上に、求職者について、詳細な情報を手に入れることができる。そのため、紹介した社員がその求職者にとって身近な人であればあるほど、求職者の企業に対する期待、そして企業側の求職者への期待のすり合わせが密に行われることになるはずだ。そのため結果として、採用する段階で、期待と能力の両面でかなりの程度のマッチングが実現するだろう、というわけだ。

ただ、これまでの研究では、「口づて」に限らず、様々な入り口を設けることと採用後の業績などとの間の関係に関しては、一貫した結果が得られていない。口づてなどのインフォーマルなソースからの採用の方が、フォーマルなソースからの採用よりも、高い業績をもたらすことが報告されている研究もあれば、両者の間に差異がないとする研究もある。

アイオワ大学のサラ・ラインズとロンドンビジネススクールのダニエル・ケイブルは、2003年に出されたレビュー論文(注3)のなかで、このように報告される結果が一貫しないのは、募集段階と入社後の業績評価との間に、選抜という段階が介在しているからだという。既に述べたように、募集とは基本的に、企業と求職者の間の相互期待のマッチングを行うフェーズである。対して、能力のマッチングはやはりその後の選抜の段階がいかにきちんと整備されているかどうかによって、強く影響される。したがって、もし仮に、ある募集ソースの中に、他のソースに比べて優秀な求職者が集まったとしても、そうした募集ソースの中から優秀な人を選抜する段階において問題があると、採用の成果はあがらないわけだ。

まとめると、募集ソースを多様にしておくことは、候補者群に含まれる求職者の多様性を確保するという目的からすれば極めて有効なのだけれど、それによって結果として優秀な人材を採用できるかどうかは、また別の問題ということになる。

（注3）学術論文には大きく分けて、実証論文（empirical paper）とレビュー論文（review paper）とがある。前者は、データの収集とその分析に基づいて事実発見、あるいは理論の検証を行うことを目的としたものであり、後者は既存の研究をオーバービューすることにより、これまでの研究成果をまとめたり、その問題点を指摘したり、将来の研究の方向性を指ししめしたりすることを目的とするものである。

第4章　優秀なのは誰だ？

「優秀さ」を分解してみる

第1章で、人材の採用には少なくとも二つの目的があると書いた。一つは、企業が設定した目標と経営戦略を実現するという目的のために、ある時点で不足している、あるいは将来時点で不足すると予想される分の人材を獲得すること。もう一つは、組織や集団の劣化を避けるため、新しい人材を獲得することで、職場や組織を活性化させることだ。つまり、企業の目標と戦略の実現に貢献できる人材プールを持つこと、そしてその人材プールが劣化することを避け、活性化させ続けることが、採用の目的だ。

企業の人事が持つ機能の中で、これと非常によく似た目的を持つものがある。それが、人材育成だ。ボストン大学ビジネススクールのダグラス・ホールによれば、企業が行う人材育成とは「企業が戦略目的達成のために必要なスキル、能力、コンピテンシー（成果を上げるために必要な行動特性）等を確定し、こうした能力などを人材が学習する過程を促進・支援することで、人的資源を計画的に供給するための活動」であるという。やや長い定義だが要するに、企業の戦略目的の達成に貢献するに足るだけの能力を持った人材プールを形成し、必要に応じて社内に供給できるようにする活動、ということだ。これを、第1章で提示した採用活動の定義と比べていただきたい。

人材育成とは……

企業が戦略目的達成のために必要なスキル、能力、コンピテンシー等を確定し、こうした能力などを人材が学習する過程を促進・支援することで、人的資源を計画的に供給するための活動。

人材採用とは……

採用とは、①企業の目標および経営戦略実現のため、②組織や職場を活性化させるために、外部から新しい労働力を調達する活動（第1章）。

こうやって比べてみると、育成と採用という二つの活動は本来、企業の目標・経営戦略の実現に貢献できるような、優秀な人材のプールを確保するという、極めて類似した目的を共有していることが分かる。言い方を変えれば、優秀な人材を確保するという目的を達成するために、企業としては、人材を外部から採用することと、そうした人材を内部で育成することとを適宜使い分け、また組み合わせることができるわけだ。

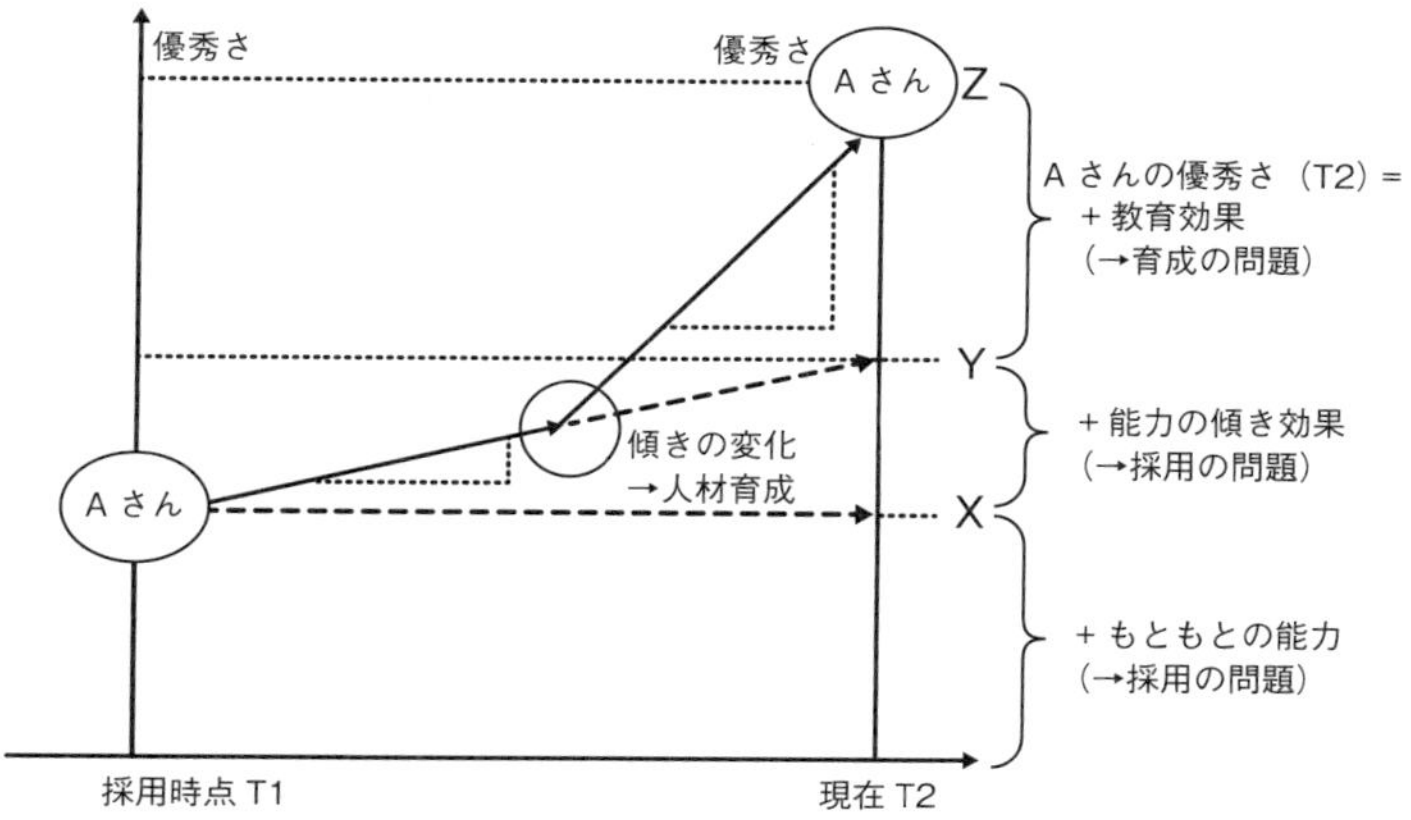

【図4-1】 優秀さを分解してみる。入社後の「優秀さ」は、(1) 採用時点で企業が評価していたもともとの能力と、(2) 採用時には評価できなかった、あるいは評価してはいたが、採用時点では顕在化していなかった能力と、(3) 教育効果によってもたらされた能力の3つに分割できる。

Aさんという架空の人物について考えてみたい。【図4-1】で、横軸は時間の経過であり、(T1) が採用時点、(T2) が現在の時点をそれぞれ表している。縦軸は人材の優秀さ。上に行けば行くほど、その人材は優秀であり、高い業績をあげていることを、反対に下に行けば行くほど優秀ではないとしよう。

このAさん、入社時 (T1) から著しく成長し、現在 (T2) は同僚と比べても高い業績をあげている。この時、現時点におけるAさんの「優秀さ」(高さZ) は、いったいどのように理解することができるだろうか。まずAさんは、採用時点で既にある程度の優秀さを持っていたはずである (図中の高さX)。たとえばこの優秀さが、「コミュニケーション能力」や「協調性」や「地頭の良さ」といったものから構成されているとしよう。こうした能力は、採用時点でAさんが既に持っていた

「もともとの能力」だ。これは採用時点で既に存在していた優秀さであり、企業の側もそれを認識していたことになる。

ただ、Aさんの現在の優秀さは、採用時点での優秀さだけでは説明できない。というのも、Aさんはかなりの努力家で、自分が持っていた「コミュニケーション能力」をさらに伸ばす努力を、入社後にも継続していたからだ。こうした努力によって、Aさんは持ち前の能力に磨きをかけ、成長を続けていたのだ。会社側が何もしなくても、Aさんの能力は、ある程度の伸びをみせていたことになる。

図中にはこのことが、T1時点のAさんから右上方向に伸びた矢印として示されている（図中の高さY）。関数が得意な方には、入社時点でのAさんの「コミュニケーション能力」の成長曲線の「傾き」が、「人一倍努力する」というもう一つの能力とセットになることでゼロからプラスになった、と表現したほうがわかりやすいだろうか。

ところが、Aさんの優秀さはこれだけではまだ説明できない。入社時点で図のX分の優秀さを持っていたAさんが、入社後に上記のような「人一倍努力する」という隠れた能力を発揮したとすれば、T2時点での優秀さはYになっているはず。でも実際には、Aさんの優秀さはZにまで到達している。Aさんの「もともとの能力」と人一倍の努力によって成長の「傾き」が変わったとしても、まだZには届かない。

その理由が、「育成」にある。既に述べたように、育成とは、人材に対して戦略目標を達成するために必要な能力などの学習を促進・支援することをさす。配属先の上司や先輩、あるいは企業や外部の組織が提供するさまざまな育成によって、Aさんの論理的思考が磨かれ、あるいはそれを仕事により効果的に活かすことができるように教え導かれたわけだ。関数の比喩でいえば、能力の変化の「傾き」をさらに変えて、その人が戦略目標の達成のためにより貢献できるように導いてあげることこそが、育成の役割である、ということになるだろうか。

要するに、Aさんの現在の優秀さとは、（1）Aさんが採用時点で持っており、かつ採用側が認識していた「もともとの能力」と、（2）採用時点で企業が評価してはいなかった、あるいは評価はしていたけれどもその時点では顕在化していなかった能力と、Aさんがはじめから持ち合わせていた能力との結合によってもたらされた「傾きの変化分」、そして（3）採用後に行われた「育成の効果」の三つが合わさったものなのだ。人事が行う採用と育成とが、実に密接なかかわり合いにあることがよくわかると思う。（注4）

選抜時の四つのポイント

第4章では、採用時に、自社の社員として必要な能力（【図4-1】のXやYにあたる部分）をどのように定義し、どのように測定すれば良いのか、という問題を考えたい。

選抜段階において、採用担当者にとって重要なポイントが四つある。

一つ目は、選抜プロセス中に自社にとって魅力的な求職者が離脱しないように、彼（女）らを会社に惹きつけ続けることだ。就職活動中の求職者は、複数の企業にエントリーし、それらにおける選抜プロセスを並行して行うことになる。しがたって企業からすれば、競合他社ではなくわが社へと求職者の目を向けさせ続けるための努力が欠かせないわけだ。これは、既に第3章で説明した。

二つ目は、候補者群の中から、自社にとって必要な人材とそうでない人材とを篩い分けるための、選抜基準の設定である。厳密にいえば、選抜基準の設定は毎年の採用活動がスタートする以前の段階である程度決まっているはずだ。既に述べたように、仮に自社の候補者群の中に優秀な人材が多数含まれていたとしても、その中から優秀な人を選抜する段階において問題があると、採用の成果はあがらない。「選抜基準をいかに設定するか」という問題は、「どのように候補者群を形成するか」という問題と並んで、採用におけるもっとも重要な作業となる。

三つ目は、設定された選抜基準を、具体的にどのような手法を使って見定めるか、という問題だ。ペーパーテストを実施するのか、面接を実施するのか。面接とひと言でいっても、具体的にどのように面接をデザインすればよいのか。こうした選抜ツールの選択を行うことがこれに相当する。

そして四つ目は、そうした選抜ツールによって評価された採用候補者たちの中から、最終的にどの候補者に対して「内定」を出すのか、という問題だ。既に選抜基準が確定して、それをどのような方法で見定めていくのかということが決定している以上、あとは選抜ツールの点数なり順序にしたがって、上から順に採用通知を出していけばよいではないか、という感想をお持ちかもしれない。が、問題はそう単純ではない。本章では、こうした問題一つ一つについて、日米欧の実証研究の結果をふまえつつ、解説をしていきたい。

人の何を見ればいいのか？

言うまでもなく、選抜において最も重要なタスクは、候補者群の中から、自社にとって必要な人材とそうでない人材とを篩い分けることにある。自社の従業員として必要な能力要件を見極め、それを面接やテストといったさまざまな手法を用いて実際に測定していく、まさに能力のマッチングだ。

第2章でも書いたように、日本企業の実態調査によれば、日本企業ではこれまで、「コミュニケーション能力」「協調性」「主体性」「チャレンジ精神」「誠実性」「エネルギッシュであること」といった曖昧で多義的な選抜基準が用いられてきた。こうした曖昧で多義的な評価基準の設定は、担当者による解釈の幅を生み、それが採用結果の分散につながるため、最終的に企業が採用する人材は、企業が本来求めていた人材から少しずつ乖離していく、ということも述べた。

さらにいえば、このような基準の曖昧化が、期待の曖昧化と相まって、日本企業の採用活動を過熱化させ、さらには採用・就職活動そのものをゲーム化させてしまう。多くの企業が、「コミュニケーション能力」「協調性」「主体性」「チャレンジ精神」「誠実性」「エネルギッシュであること」といった曖昧でわかりにくい評価基準を、一様に重視するということは、一方でそうした能力を相対的に高いレベルで身に着けた学生へと企業の内定が集中し、他方でどの企業からも相手にされない学生が多数生み出されることを意味する。

また企業側からすれば、自社が求める人材をめぐって、他社との熾烈な人材獲得競争をせざるを得ないことになる。採用・就職活動が過熱化すればするほど、学生はそれに対して周到に対策をするようになるため、企業は当初設けていた評価基準に、新たな項目を追加していくことになる。第2章で見たように、企業が本来見ようとしていた基準に加えて、「フィーリングの善し悪し」のような基準が加えられ、能力のマッチングがますます曖昧で、多義的なものになっていくという現象だ。この事実に気づいた企業は、あの手この手で選抜手法に工夫を凝らすのだけれど、それがまた、採用活動を過熱化させることになる。皮肉としかいいようがない。

ここで、「欧米の研究によれば、こういう点を選抜基準として設定すれば、優秀な人材が採用できることがわかっている」というようなことを書けたらよいのだが、残念ながらそんな都合のよい研究はない。

そもそも、「優秀な人材を採用するためには、どのような選抜基準を設定すればよいか」という問題に取り組んだ研究は、少なくとも欧米の主要な研究としては少ない。理由は簡単だ。本来、業種によって、企業によって、また職種によって、採用時点で求められる能力は異なっているのだから、そこに何か共通の要素を見出そうとすること自体、そもそも研究として成立しないわけである。結局、自社の採用基準は、自社で紡ぎだしていくしかないわけだ。

変わる資質、変わらない資質

ただ、それを導くロジックならある。ここで紹介したいのは、産業・組織心理学の分野の研究者でありコンサルタントであるブラッドフォードの『Topgrading』という本の中での議論だ。

【表4-1】 変わりやすい能力、変わりにくい能力。左に行けば行くほど、変わりやすい能力、右に行けば行くほど、変わりにくい能力とされる。ブラッドフォード『Topgrading』（2005）より一部抜粋。

比較的簡単に変化	可変的だが変わりにくい	非常に変わりにくい
リスクに対する志向性	判断能力	知能
（技術的知識的に）最先端であること	戦略的スキル	創造性
教育	ストレスマネジメント	概念的能力
経験	適応力	部下の鼓舞
自己に対する認識	傾聴	エネルギー
コミュニケーション（口頭）	チームプレー	情熱
コミュニケーション（文章）	交渉スキル	野心
第一印象	チームビルディング	粘り強さ
顧客志向	変革のリーダーシップ	
コーチング能力	コンフリクトマネジメント	
目標設定		
エンパワーメント		

組織や職場を『Aクラスの人材』でいっぱいにするにはどうしたらいいのか、という内容のビジネス書なのだが、その中で、人材の「能力」に注目した部分がなかなか面白く、かつ考えさせられる。それぞれの企業における選抜基準を見直す際の、ガイドラインとしてお読みいただければと思う。

ブラッドフォードによれば、私たちが持っている能力は「極めて簡単に変わるもの」と、「非常に変わりにくいもの」の二つがある（【表4-1】）。たとえば、簡単に変わるものとしてはリスクに対する志向性。経済学では、個人の中には、相対的にリスク回避的な者とリスク選好的な者がいるとされるが、心理学の世界では、このリスクに対する志向性はある程度変化するものであるということが指摘されている。

もともと極めてリスク回避的な人が営業職として採用されたとする。この人は、入社当初は少なくとも、リスクをとらない慎重な営業スタイルをとるだろう。ところが、優秀な先輩の営業に同行する回数を重ねるにつれて、商品を売り込むためには、時にある程度のリスクを冒すことが必要だということに気づくようになるかもしれない。

また、研修などを通じて、営業に関する知識がインプットされることによって、リスクをとるべき状況とリスク回避的になるべき状況との区別ができるようになり、時に、当初は考えられなかったような大胆な売り込みを見せるかもしれない。同様に、良い第一印象を与えることができるかどうか、顧客志向であるかどうか、目標設定が適切にできるかどうかといった能力は、可変的で、トレーニングを積むことによってかなりの程度高めることができるとされる。

ここで注目したいのは、多くの日本企業が採用基準として設定している（第2章）口頭でのコミュニケーションが「比較的簡単に変化」する能力としてあげられていることだ。先に紹介した経団連の「新卒採用（2014年4月入社対象）に関するアンケート調査」によれば、日本企業の実に80％以上が、口頭でのコミュニケーション能力を、自社の選考の際に重視する基準としてあげている。既に紹介した日本企業の人事データの分析からも、日本の面接が、いかにこれを重視して構成されているかということがわかる。

ところが心理学の世界では、これが相当程度可変的なものであり、意図的な努力によって向上するものであることが指摘されているのだ。大学1年生の時には、人の目を見て話すことすらま

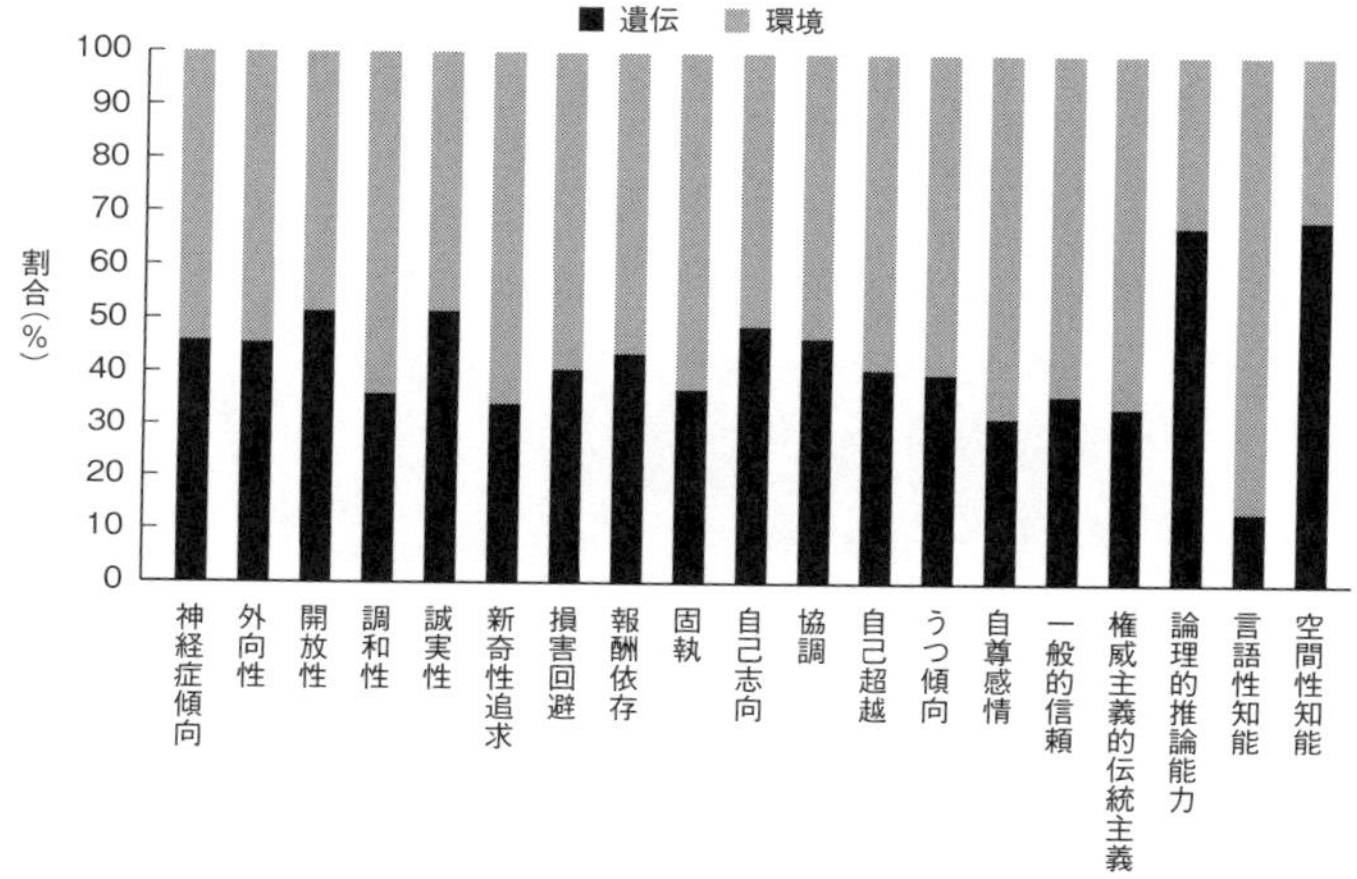

【図4–2】　能力は、遺伝によってどの程度決定されるか？　それぞれの能力が、遺伝と成長過程の環境のどちらによって、どれだけ決定されるかということを表したもの。安藤寿康『遺伝マインド：遺伝子が織り成す行動と文化』（有斐閣Insight, 2011）より抜粋。

まならなかった学生が、卒業する頃には他人とのコミュニケーションにすっかり慣れて、立派にプレゼンテーションをこなしたりするなど、私たちの日常的な経験に照らし合わせても、この主張には納得がいく。コミュニケーションの能力そのものの重要性を否定するわけではないけれど、これが果たして日本企業が採用時に時間とコストをかけて確認するべき能力であるのかどうかという点について、疑問を持たないわけにはいかない。この点については、場所を改め考えてみよう。

　このように「比較的簡単に変化」する能力の対極にあるのが、「非常に変わりにくい」（注5）とされる能力だ。IQに代表される知能、創造性（注6）、ものごとを概念的にとらえる概念的能力、また、その人がそもそも持っているエネルギーの高さや、部下を鼓舞し、部下に対して仕事へのエネルギーを充填する能力などは、非常に変わりにくいとされる。たとえば論理的推論や空間把握といった、いわゆるIQと呼ばれる知能は、悲しいかな、かなりの程度、遺伝によって決定されることがわかっている（【図4-2】）。創造性や概念的能力、エネルギーや部下の鼓舞などについては、遺伝によって大部分が決定されるわけではないようだが、コミュニケーション能力などに比べれば、はるかに変わりにくい能力なのだ。「比較的簡単に変化」と「非常に変わりにくい」の中間に位置づけられるのが、「可変的だが変わりにくい」能力だ。

このように分類したうえで、ブラッドフォードは、「簡単に変わる」ものは採用後に育成できるのだから、採用段階でシャカリキになって見る必要はなく、「非常に変わりにくい」ものについては、採用段階でちゃんと見ておかないと、後々どうしようもない、と主張している。

非常に素朴ではあるし、「変わる／変わらない」の分類の根拠が他ならぬブラッドフォード自身のコンサルタントとしての経験によって導き出されている部分もあるため、このリストそのものは完全に科学的なものとはいえないのだが、能力の可変性に基づいて、採用時点でおさえるべき部分と、採用後に育成によっておさえればよい部分を明確に切り分ける、という視点は極めて重要である。

入社後の育成機会はあるか？

ただ、本書ではこうした視点に加えてもう一つ、「自社内で育成の機会がある／ない」という

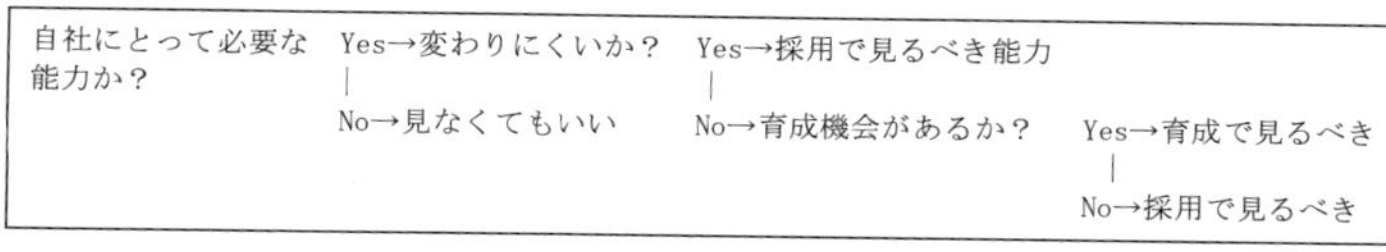

【図4-3】　自社にとって必要か？　変わりにくいか？　育成できるか？　というステップで絞り込んでいく。

点が重要になってくると考えている。たとえば、ブラッドフォードによれば、「コミュニケーション能力」は育成可能であり、採用でシャカリキになって見る必要はないという結論になっているのだけれど、企業によっては「そんなことまで教育している余裕はない」ということもある。

　ということで、この問題は、おおよそ以下のように考えたらいいのではないだろうか（【図4-3】）。

　まず重要なのは、そもそも何を評価するか、ということだ。「コミュニケーション能力」や「創造性」は、そもそもわが社にとって意味があるのかどうか、手間をかけて見るに値することなのかどうか、という判断がまず必要になる（これはこれで、難しいわけだが）。

　答えがＮｏなら、当たり前のことだが、それを見る必要はないことになる。そこで次に、それが変わりにくいのかどうか、という判断。まさにブラッドフォードの議論の核心だ。ここをＹｅｓと判断するなら、それは間違いなく、採用段階で見なければならないポイントということになる。では、ここがＮｏならどうか？　もはや、採用の問題ではないのか？　上図で書いたように、それは、自社内での育成機会による。育成機会があるのであれば（Ｙｅｓなら）、それは採用で見るべきものではない可能性が高い。他方、育成が難しい、あるいは不可能ではないが極めて高いコストがかかるような場合には

（Noなら）、ぜひ採用で見ておきたい。

このように、「変わりにくい」、あるいは「変わりやすいが自社内で育成機会のない」能力こそが、採用において企業が注目するべき能力である。これに対して、「変わりやすくて、自社内で育成機会がある」能力は、採用において企業が注目するべき能力としての優先順位は低く、社内での育成において注目するべき能力である。「変わりやすい」能力は、採用において企業が注目するべき能力としての優先順位は低い能力である。

何を「見ない」かが重要

では実際に、選抜において、企業は何をどのように見極めればよいのだろうか。まずいえるのは、「期待」と「能力」と「フィーリング」のうち、この段階では、可能な限り「能力」のマッチングに時間を割くべきだということだ。既に繰り返し述べているように、企業からの募集情報によって、企業にとって魅力的な求職者だけがエントリーしてくることが募集段階の究極の目的である。

まず必要になるのは、自社の社員が置かれたタスク環境とはどのようなものであり、自社の社員として必要な能力は何かという議論だ。自社の社員はどのような環境の下で働いており、そこで優秀な人材とはどのような人材を指すのか。自社に足りない人材とはどのような人材であるのか。こうしたことを、「具体的な言葉」として表現してみる。採用担当者だけでなく、現場スタッフなども含めて、さまざまな立場の人たちがいる場で、自社にとって必要な人材のキーワードを列挙していくことが重要である。

コミュニケーション能力（口頭、文章力）、第一印象の良さ、顧客志向、コーチング能力、目標設定能力、知能、創造性などなど、いろいろなものがあがってくるだろうが、ここで大切なポイントは、「自社の社員が置かれたタスク環境の中で」ということである。自社におけるタスク環境への洞察によって、能力要件がより具体的に、より本質的になっていく。

たとえば、顧客が自社よりも小規模でパワーの弱い企業である場合と、自社よりも規模が大きく、その企業への販路が自社の売り上げの大部分を占めているような場合とでは、営業スタッフとして求められる能力がまったく違うだろう。

後者の場合、前者に比べて、強い交渉力をもつ相手に対する「タフ」な営業が必要になる。場合によっては、相手の窓口となる担当者以外の人とも、親密な関係を構築する必要があるだろう。このように自社の社員のタスク環境と、その下で必要な能力要件を考えていく過程で、「コミュニケーション能力」といった曖昧な能力が、次第に具体化され、担当者にとって見極め可能な形に操作化されていくのである。

そのうえで、上記のように、そうした一つ一つの能力について、それらが変わりやすいのかどうか、という判断をしていく。先にあげた、ブラッドフォードのリストが参考になるだろう。

容易には変わらない能力であれば、それはほぼ間違いなく、採用段階で見なければならないポイントということになる。これに対して、変わりやすい能力については、既に述べたように、自社内での育成機会と育成コストの多寡による。それほどコストをかけずに（たとえば、既存の社内

コミュニケーション能力があって地頭がいい人 → コミュニケーション能力があって地頭がよくて批判的な思考ができる人 → コミュニケーション能力があって地頭がよくて批判的な思考ができて、協調性がある人 → コミュニケーション能力があって地頭がよくて批判的な思考ができて、協調性があって、ホスピタリティが高い人

【図 4-4】 採用基準の拡張例
採用基準は、採用フローの中で意図せざる形で「拡張」していく。

研修や現場でのトレーニングによって）育成が可能であるならば、それは採用で見るべきものではない可能性が高い。そして、変わりやすくて、自社内で育成機会がある能力は、採用において企業が注目するべき能力としての優先順位は低く、社内での育成において注目するべき能力である。このようにして明らかにされた、「変わりにくい」、あるいは「変わりやすい」が自社内で育成機会のない能力こそが、採用において企業が注目すべき能力である。

　ここで主張しているのは、採用においては何を「見ない」かという考え方だ。第2章で書いたように、日本の採用の現場においては、求職者と企業側双方にとって活動がゲーム化し、企業が当初設定した採用基準が拡張していきやすい。求職者の就職スキルの向上によって、面接などのプロセスにおいて、企業側が当初設定していた採用基準にさまざまな基準が付け加えられ、時には基準が変更されていくということがしばしば起こる。さらに、長期雇用を前提とした採用の場合、「採用とは期待と能力のマッチング」だと頭ではわかっていても、どうしてもそれ以外のものが気になってしまう。「この人は我が社の社風に馴染むだろうか」「私（あるいは我が社の社員たち）はこの人と一緒に働きたいと思えるだろうか」……そんな疑問が、頭をかすめるのである。その結果、実際の採用における人材の評価は、当初想定していた基準よりもはるかに多様で、複雑なものへとスライドしていく。

「あれも見ておこう」「これも聞いておきたい」という具合に新たな基準を付け加えていくなかで、その企業が求める人材像はいつの間にか、「滅多にいないようなスーパー人材」のようなものになっていることが珍しくない（【図4-4】）。これではまるで、青い鳥を追いかけるようなものだ。

こうした事態に陥らないために、採用基準を設定するためには、「何を見るか」ではなく、「何を見ないか」という視点が必要になる。すべてを持ち合わせた完璧な人材などいないのだとしたら、我が社が採用において最低限求めることとはいったいなんなのか。

採用において見るべきポイントを絞り込むことで、限られた人員の、限られたコストを、その重要なポイントの見極めに集中する必要があるのだ。

選抜とは推測である

選抜とは、「既知の情報に基づいて、人材の優秀さや魅力度を推測すること」である（第1章）。新卒一括採用を前提とする日本の採用の場合、採用時点で企業にとって必要な能力を求職者が身に着けていることを期待することはできない。というよりも、その求職者に対してどのような仕事をしてもらい、したがってどのような能力を期待するかということを、企業側ですらよくわかっていないのである。そこで問題となるのは、「何ができるか」とか「どのような能力を持っているか」ということではなく、「何ができるようになるか」「どのような潜在的な能力を持っているか」になってくる。これが、「選抜とは推測である」と私が言う理由である。

このように考えていくと、新卒採用の文脈において優れた選抜手法とは、「将来時点で優秀な従業員になるであろう可能性に関する情報を提供する手法」ということになる。それでは、このような能力を企業はどのようなツールによって見極めればよいのだろうか。日本企業が選抜に用いる代表的なツールは、第1章で紹介したので、ここではアメリカの研究から重要な部分だけ選んで、紹介しておこう。

【表4-2】は、認知的能力テスト、構造化面接、非構造化面接、ワークサンプル、シチュエーショナル・ジャッジメント、アセスメントセンターといった各手法（説明は表内に）が、それぞれどの程度将来の仕事業績を予測するか、ということに関する研究成果の一覧である。「妥当性係数」と書かれた列にある数値は、それぞれの研究において報告された各手法の予測力を表す。この値は0～1.0の間の値をとり、1.0に近いほど将来の業績の予測力が高いことを表す。

面接の中でも、標準化された（全員に同じことを聞く）質問をする構造化面接（.51）の方が、候補者ごとに違った質問をする非構造的面接（.31）よりも、将来の業績をより正確に予測するという結果は興味深い。他の研究者によって、同じようなことが繰り返し指摘されている。先に紹介したワナウスは、このように研究者間で報告される係数に微妙な差はあるものの、非構造化面接よりも構造化面接の方が将来の業績予測において優れており、それと業績との相関係数はおよそ.30程度であろう、と結論付けている。

そもそも構造化面接とは、面接に先立って被面接者の何を評価するかということを明確化し、それを面接評価シートのような形に落とし込むことで、面接に入り込む評価者のバイアスを排除し、より正確で客観的な予測を目指したものであるが、このワナウスの研究はこうした目的があ

【表 4-2】 種々の選抜手法の仕事業績の予測力に関する研究成果のまとめ。妥当性係数は0〜1の値をとり、値が大きいほど、その手法の業績予測力が高いことを表す。Ryan and Tippins (2004) "Attracting and Selecting: What psychological research tells us"より著者作成。

選抜手法	方　法	測定対象	妥当性係数
認知的能力テスト	紙・ペンあるいはPCベース	ロジック、読解力、言語的数学的推論、知覚能力	.51
構造化面接	標準化された質問に対する反応を見る	様々なスキルと能力（対人スキル、リーダーシップ等の非認知的スキル・能力）	.51
非構造化面接	標準化された質問ではなく、候補者ごとに違った質問をして反応を見る	様々なスキルと能力（対人スキル、リーダーシップ、非認知的スキル・能力）	.31
ワークサンプル	実際に仕事をさせ、成果を見る	仕事スキルを測定（例. 機器の修理、計画）	.54
職務に関する知識テスト	多選択式解答、エッセイタイプ	職務に求められる（主として技術的な）知識の体系	.48
シチュエーショナル・ジャッジメント	短いシナリオを読み（あるいは映像）、どのような判断・行動が望ましいかたずねる	多様な非認知的スキル	.34
アセスメントセンター	仕事サンプル、エクササイズをさせる。認知的テスト、職務に関する知識テストを行うことが多い	知識、スキル、能力	.37

る程度果たせていることを示している。

さてそれ以外に、高い予測力を持つ手法は、論理・読解力、言語的数学的推論の能力を測定するような認知的能力テスト、実際の仕事サンプルを求職者にやらせるワークサンプルである。ワークサンプルについては、他の研究でも同様に高い相関係数が確認されており、目下、将来の業績を予測するもっとも精度の高い手法だとされている。

概して、実際の仕事状況に近いような状況で測定されるほど、将来の業績予測力は向上する。シチュエーショナル・ジャッジメントやアセスメントセンター（第1章参照）は、少なくとも現時点では、業績予測精度の高い手法とは言えないようだ。

これらはいずれも、少数の実証研究の結果をまとめたにすぎず、実際の予測精度の絶対値の理解に関しては慎重になる必要がある。また、ここで報告されている係数は、いずれも選抜手法と業績との間の相関係数であり、業績に対して測定上の誤差や他の要因の影響の混入の可能性が考慮されていない。その意味で、予測力の絶対的な水準そのものについては注意が必要だが、各選抜ツールの予測力の相対的な違いについては、ある程度信頼のおけるデータだと思う。また、複数の選抜手法を組み合わせた場合の方が、単独の手法を用いるよりも、業績予測力が向上する。

選抜手法に関するその他の基準

【表4-2】は、設定された採用基準をどの手法によって（あるいはどれとどれの組み合わせによって）測定するか、という選抜ツールの取捨選択を考えるための有益な情報を提供してくれる。

では、上記の中の特定の選抜手法を使うことに決めたとして、その手法が「優秀な従業員になるであろう可能性に関する情報を提供」するツールとして有効なものであるか、そのツールをより良いものにするためにどのような点を改善したらよいか、という判断をどのように行えばよいのだろうか。

これに関しては、(1)妥当性、(2)信頼性、(3)当事者の納得感、という三つの観点を考える必要がある。

(1)妥当性——そのツールによって測りたいものが、ちゃんと測れているか?

①業績予測　そのツールでの評価結果が実際の職務業績と関連しているか?

②十分な情報の収集　採用を判断するために必要な情報をその手法で集められるか?

既知の情報に基づいて、人材の優秀さや魅力度を推測せざるを得ない以上、選抜ツールの善し悪しは何よりもまず、それが将来時点で優秀になるであろう求職者を特定できるかどうか、という点で決まる。そもそも、そのツールによって収集しようと思っていた情報が集められているかどうかはもちろんのこと、そのツールによって評価した結果が実際の職務業績と関連していなければ意味がない。①を厳密に検証するためには、面接なり適性検査なりの評定を記録しておき、入社後の業績評価との関係性を統計的に分析するという手間が必要になる。

既に指摘したように、アメリカの研究が示すところによれば、将来の業績予測においてもっとも優れているのは、実際の仕事内容に従事させ、その優秀さを評価する「ワークサンプル」である。しかし、具体的なサンプルを作ることが難しい日本の採用の場合、多くを面接や適性検査に頼ることになる。アメリカの実証研究結果によれば、将来の業績予測という点に関して、面接と適性検査はほぼ互角といったところだ。ただ、既に書いたように、採用基準が曖昧で、面接を構造化しづらい日本の採用においては、面接の分が悪いようだ。

【表4-2】にあるように、対面のやりとりである面接の場合、うまくデザインすれば、採用担当者が知りたい様々な情報をたくさん引き出すことができるだろう。ただ、皮肉なことに、そのような面接の柔軟性こそが、本来測定しようとしている能力の測定からそれを遠ざけることにつながる。日本の採用においても、面接において何を測定したいのか、という点をクリアにした構造化面接の導入が求められるのだろう。

（2）信頼性——どこまで信頼のおける測定になっているか？

①再テスト信頼性　評価結果の再現性

②評価者間の一貫性　評価者間で評価が一貫しているか？

③ノイズとなる情報への対応　本来の内容と関係のない情報が混入していないか？

あるツールによって求職者の「優秀さ」が測定できたとして、測定された優秀さは、評価基準として信頼に足るものだろうか。信頼のおける測定であるためには、三つの基準をクリアする必要がある。

一つ目の基準は、同じ求職者を同じツールによって、同じ状況でもう一度評価した場合に、同じ結果になるかどうかである。面接において求職者に投げかける質問の内容がまったく決まっていない非構造化面接の場合、面接官がその場の流れに合わせて質問内容を考えることになる。この場合、その場の話の展開によって求職者に投げかける質問の内容が異なってくるし、当然のことながら、求職者の応答内容にも差が出てくる。このような場合、同じ状況で同じ求職者を面接したとしても、まったく違う評価が下されることが十分にありうる。構造化面接が優れているのは、このような面接官による恣意性を極力排除した点にある。

二つ目の基準は、評価者間での評価の一貫性である。「コミュニケーション能力」のように多義的な評価基準を設定した場合、評価者間でよほどその内容についてすり合わせをしておかない限り、結果に分散が出てしまう。そもそも「コミュニケーション能力」とは何かという点についてコンセンサスがないのだから、当然である。構造化面接とは、自分たちが測ろうとしている能力とはいったいなんなのか、どのような回答が来ればその能力が高いとみなすのか、といった点について、評価者間で事前に十分なすり合わせを行っておくことに他ならない。

三つ目の基準は、選抜において、企業側が測定しようと思っていた情報以外のものが混入することによって、本来の基準の評価に影響が出ていないかどうか、ということだ。たとえば、面接によって二人の求職者の「誠実さ」や「論理性」を評価しようとしている状況を考えてみよう。面接官の手元には二人の経歴に関する情報がある。一方は自分と同じトップクラスの大学を出ていて、他方は自分の知らない大学の出身だったとする。

このような場合、もし両者の応答内容にほとんど違いがなかったとしても、あなたは両者を同じように評価できるだろうか。一人目の求職者を高く評価する誘惑に、耐えられるだろうか。アメリカの実証研究では、このように評価基準とは直接関係のない情報が、面接官の評価に大きく影響してしまうことが示されている。そのほかにも、求職者の雰囲気（なんとなく雰囲気の良い人の方が、そうでない人よりも高い評価を受けやすい）、当人のコミュニケーションスキル（同じ内容の回答をしていても、そもそものコミュニケーションスキルが高い人の方が、高い評価を受けやすい）、前の面接結果（一つ前の段階の面接結果が手元にあると、自分自身の評価が、一つ前の面接官による評価に引っ張られてしまう）によって、本来評価すべき部分が影響されてしまうことがわかっている。こうしたバイアスを排除するためには、面接において面接官が事前に手にする情報は極力少なくすること、あるいはまた、上記のような「バイアスが存在する」という知識を事前に与えておくことで、かなりの効果を上げることができる。

面接と適性検査との比較を例に考えてみたい。再現性に関していえば、圧倒的に、適性検査に分がある。面接の場合、相当入念に構造化しない限り、評価者によるバイアスの混入が避けられない。これに対して、適性検査は、かなり高いレベルの再現性、評価者間の一貫性が確保された手法である。ただ、適性検査を採用にもちいる場合、回答者は「相手によく見られたい」という気持ちを強く持っているため、検査の回答が相手にとっての望ましさによって、歪められてしまう可能性がある。たとえば性格検査に回答する場合、自分は明らかに内向的であるにもかかわらず、相手が外向性を求めていると判断し、そのようにあえて回答する、というようなことは十分に起こりうる。自己診断型のテストにも限界はある。

【表4-3】 選抜ツールとしての有効性で比較する、面接と適性検査
面接は情報の収集の精度、評価者である採用担当者にとっての納得感に優れ、適性検査は評価の信頼性に優れている。

		面　接	適性検査
妥当性	業績予測	アメリカの研究では○（ただし高度に構造化された場合）。日本では△。	アメリカの研究では○ 日本の研究でも○
	十分な情報の収集	◎（しっかりアレンジされれば得られる情報は多い）	○（しっかりアレンジされれば得られる情報は多い）
信頼性	再テスト信頼性	△（かなりの構造化が必要）	◎（再現性は高い）
	評価者間の一貫性	△（かなりの構造化が必要）	◎（誰が実施しても同じ）
	ノイズとなる情報への対応	△（かなりの構造化が必要）	○（外的な情報ノイズは少ないが回答者自身の「自己都合バイアス」や「望ましさのバイアス」が存在）
当事者の納得感	求職者の反応	△（落とされた／受かった理由がわかりにくい）	○（結果が開示されれば落とされた／受かった理由が明確）
	評価者の反応	◎（日本企業は面接への信頼が高い）	○（日本企業においては足キリとしての位置づけか）

（3）当事者の納得感

①求職者の反応　求職者がそのツールについてポジティブな評価をしているか？

②評価者の反応　評価者がそのツールの有効性や妥当性について、確信を持っているか？

最後に、こうしたツールを、求職者と評価者である採用担当者双方にとって納得のいくものにするということも重要だ。学生と話をしていると、「どこどこの企業に面接で落と

されたのだけれど、その理由がよくわからない」とか、「自分ではできが悪かったと思ったのに、なぜか受かっていた」という感想がよく聞かれる。少なくとも日本の求職者は、「一度や二度の面接で、本当に自分の能力を見抜けるのか」と考えており、面接の結果に対して素直に納得できないことが多いようだ。

これに対して適性検査は、「できた／できなかった」ということが比較的わかりやすく、結果についての納得感が高いようである。ただ興味深いのは、評価者である採用担当者はこれとは逆の反応を示す。採用担当者は、概して、能力の測定ツールとしての適性検査よりも面接の方を信頼する傾向があるように思う。自分自身の目で、実際に求職者を見た方が、その人の「優秀さ」について確信が持てるのだろう。こうした理由があるからこそ、日本の採用における選抜では、面接がいまなお主要なツールとなっているのだ。以上七つの観点から面接と適性検査を比較すると【表4－3】のようになる。

最終決定に潜む落とし穴

自社の社員として必要な能力を特定し、採用基準を設定し、それをしかるべき手法によって測定したとする。いよいよ、選抜の最後のフェーズだ。採用活動の最後に採用担当者は、エントリーシートや履歴書、適性試験の結果、そして各面接での結果を「総合的」に判断して、最終的な内定者を絞り込むわけだが、ここにも落とし穴がある。本書でも繰り返し登場した、フィーリングに基づく決定の落とし穴だ。

第2章で紹介した「採用基準の拡張」という現象、つまり本来の評価基準において合格の基準を十分に満たしているにもかかわらず、求職者の回答があまりに「わざとらしい、いい答え」であるためにそこに疑義がさしはさまれ、結局本来は評価基準となっていない「主観的なフィットネス」のような基準によって評価が下されるというような現象が起こるのは、担当者による最終決断が、いわゆる「総合評価」の形式をとるからである。

総合評価とは、「さまざまな要素を参考にしつつも、最終的には評価者自身の判断によって評価する」ということを意味する。採用の場面でいえば、「コミュニケーション能力」「向上心」「ストレス耐性」といった複数の点について、適性試験、面接などから得られた評価を参考にしつつ、最終的には採用担当者がみずからの頭の中で決定することを指す。どんなに冷静で、公正な面接官であっても、そこには採用担当者自身のフィーリングや、求職者とのフィットネスのようなノイズが混入しうる。

あえて言い切るが、私は、もし上記のような手続きによって、採用のための能力要件が適切に定義され、それを測定するための洗練された選抜ツールが用意されているのであれば、採用担当者による総合評価は行われるべきではない、と考えている。そのような評価ではなく、各ツールによって評定された個別のスコアを機械的に合算する方が、はるかにバイアスのかからない評価になると思うのだ。

募集と選抜はワンセット

これまで、説明の便宜上、「募集」と「選抜」とを分けてきたが、実際の採用においてこれらは密接に関わり合っているし、またそうあるべきだ。募集段階において良質な候補者群の形成に成功したとしても、選抜段階において誤ったやり方が適応されてしまうと、満足のいく採用はできないだろう。たとえば、人材の多様化を図るために募集段階で多様な求職者を集めることに成功したとしても、選抜段階において画一化された評価基準による面接が繰り返されてしまうと、最終的に採用される人材は画一的なものとなってしまう。採用者の多様性を確保するためには、募集段階において多様な人材を含む候補者群を形成することに加えて、選抜段階においても、そうした多様性を削減しないような多様な選抜基準を設定する必要がある。

良い募集は、良い選抜とセットになってはじめて機能するということ、より正確にいえば、募集段階における候補者群形成の基準と、選抜段階における選抜基準との間に整合性を持たせることが重要なのだ。

コラム5　面接に紛れ込むバイアス

日米欧を問わず、すっかり選抜の中核的なツールとなった面接。本章でも紹介したように、しっかりと作りこまれ、構造化された面接であれば、ある程度のレベルで求職者の将来の業績の予測ができることが分かっている。ただしこれはあくまで、しっかりと作りこまれた場合の話だ。

欧米の採用研究では、多くの場合、企業で採用されている面接にはたくさんの問題があること、そしてそうした面接の不備によって、本来であれば可能であったはずの高いレベルでの予測ができなくなっていることが報告されている。以下、既存研究の中で報告されている面接の問題点について紹介しておこう。

（1）即時的決定（snap decision）

求職者の中には、初対面の人とでも堂々と話をすることができ、相手に対して自分の魅力を雄弁に語ることができる人がいる一方で、初めのうちは緊張してしまったり、相手に気を使ってしまったりして、なかなか自分の良さを相手に伝えられない人もいるだろう。

採用の科学の調査によれば、企業で行われる実際の面接は、このようにしり上がりに調子が出てくるタイプの求職者にとって著しく不利なものになっている。研究者たちが調べたところ、大半の面接では、全体で数十分間の面接であったとしても、開始4分くらいの間に、面接官の多くが採用／不採用の決定を下してしまっているという。私たちが初対面の人と出会ったとき、その人のあいさつの仕方や、何気ない一言、自分に向けるまなざしなどによって、「感じのいい人だ」とか「自分と合わなそうだ」という判断をしてしまうのと同じように、面接官もまた、こうした形で求職者を判断してしまうことが多々あるわけだ。結果的に、第一印象の良い、良さの分かりやすい人の方が、そうでない人よりもはるかに有利になってしまうのである。

（2）確証バイアス（confirmative bias）

履歴書、適性検査の得点などの結果を、面接する前の事前の情報として手にしてしまうと、そうした情報によって面接をする前の段階から求職者に対するイメージが勝手に形成されてしまい、その人に対してステレオタイプ的な見方をしてしまうことがある。たとえば、面接官が、「有名大学」の学生と、それよりもやや入学偏差値レベルの劣る大学の学生の面接をしたとする。もしその面接官が、「有名大学＝優秀な学生」「無名大学＝優秀でない学生」というステレオタイプを持っている場合、後者の求職者に対して、（意識的であれ無意識的であれ）厳しい態度でのぞみ、ことさら難しい質問を投げかけてしまうかもしれない。そしてもし、求職者がその質問に答えられなかった場合、「やはり無名大の学生は優秀ではない」という確信を強めてしまう。反対に、（優秀だと思い込んでいる）有名大学の学生に対しては、好意的な態度で接し、先の学生に投げかけたような難しい質問はしない。そしてその求職者がうまくその質問に対する答えを返してくると、「やはり、有名大学の学生は優秀だ」と考える。

（3）ネガティブな情報（negative information）

長期雇用を前提とする日本企業の場合は特に、採用担当者は、誤って優秀な人材を不採用にすることよりも、誤って優秀でない人、あるいは自社にとって好ましくないような人を採用してしまうことを最も恐れる。その結果、選抜においてどうしても、「減点方式」に偏りがちになる。そうなると、特定の項目において極めて優れた能力を持っているが、それ以外の部分において欠点を持った人材よりも、すべてにおいてそこそこの能力を持った人材の方を採用することになってしまう。企業にとって、本当に必要なのは、果たしてどちらだろうか？

（4）厳格化（strictness）

採用の世界に長年いる担当者ほど、自分の見る眼に自信を持っているものだ。「10年も採用にたずさわっている私の眼に間違いはない」というわけだ。ベテランの採用担当者というのは、既に多くの優れた人材に接し、かつその人材の行く末をも熟知していることだろう。「この種のタイプは、将来必ず成長する」という具合に。つまり、理想的な求職者についてのステレオタイプを形成しており、選抜において、そうした自分のステレオタイプにはまった求職者を高く評価し、それに合わない者を低く評価する傾向がある。もちろん、それはそれである程度真実なのだと思うが、他方で、彼（女）らにとって重要な落とし穴があることも覚えておこう。ときには、採用業務の経験の浅い、虚心な目を持った採用担当者の方が、求職者の能力を適切に見極められることもあるのだ。

（5）非言語的行動（non-verbal behavior）

多くの場合、面接の主眼は、求職者と面接官との言語のやり取りを通じて、その求職者の能力を見極めていくことにある。具体的には、職務に耐えうる能力であったり、情緒的安定性であったり、あるいは社風への順応可能性を、求職者たちの言葉から判断していくわけだ。しかし、実際の面接では、求職者の「身振り」「アイコンタクト」「表情」「服装」「容姿」「化粧」といった、公式には本来の採用条件となっていない部分が、面接官の評価に対して影響を与えることがわかっている。

（注4）この部分については、首都大学東京の西村孝史准教授との議論に大きく依拠している。【図4-1】

のアイデアを教えてくださったのも、西村准教授である。ここに感謝を記したい。

（注５）ここでは採用において重視されるという観点から、知能を「論理的推論」や「空間把握」といったいわゆるＩＱと呼ばれるものに限定しているが、科学の世界では知能はもう少し幅広く捉えられている。最も有名なのは、ハワード・ガードナーが１９８３年に発表した「多重知能理論」だろう。これによれば、人間の知能は単一ではなく、「言語的知能」、「論理数学的知能」、「空間的知能」、「身体運動的知能」、「音楽的知能」、「対人的知能」、「内省的知能」、「博物的知能」といった複数の要素から構成される。知能テストで測られるような論理的推論能力や空間的知能はそのひとつに過ぎず、私たちの能力はもっと多様な知能を持っているという主張は、知能を「ＩＱ」というたったひとつの指標によって説明してきたそれまでの科学の常識を覆した。

（注６）創造性が「変わりにくい」のか「変わりやすい」のかという点については、議論が分かれるところである。心理学における創造性研究では、（１）卓越した創造が生まれるには、どのような個人の資質があれば良いかという視点と、（２）どのような環境のもとであれば創造性が発揮されるのか、という視点が両方存在する。つまり創造性とは「変わらないもの」では決してない。たとえば、この分野の第一人者であるチクセントミハイは、「創造性を拡張するには個人が創造的に思考するように努力するよりも、環境条件を変える方が近道である」とも述べている。ここでは創造性が「変わるのかどうか」ということ自体を議論することは、本書の目的を外れてしまうので控えるが、確認しておきたいのは、これがコミュニケーション能力などに比べて、相対的に言えば、「変化しにくい」能力に相当するという事実である。

第5章　変わりつつある採用方法

2016年卒採用はどうだったか？

2016年卒から新卒採用の時期を繰り下げる「採用選考に関する指針」が、経団連によって発表された。これによって、会社説明会などの広報活動の開始が大学3年生の12月から3月へ、面接などの選考開始が4年生の4月から8月へ、それぞれ後ろ倒しされることになった。内定時期は4年生の10月に固定されたままになっているので、結局、企業と学生が採用を目的として接触できる期間が、もともとの10カ月から7カ月へと短縮されたことになる。

採用活動期間の短縮は何をもたらしたのだろうか。私の見るところ、少なくとも二つのことが同時に進行した。

一つは、就職情報サイトを活用した採用競争の激化。2016年卒採用においては企業の採用意欲が比較的旺盛であったこともあり、これまでよりも短い期間の中で、優秀な学生を惹きつけ、見きわめ、内定を受け容れさせることを、各社がより必死に行うことになった。まずこのメインの部分で非常に激しい競争が行われた。

もう一つは、水面下での採用競争の激化だ。近年、就職情報サイトを活用せずに自ら企業に売り込み、内定を獲得する求職者が現れ始めている。また企業の側も、そうした学生が集う場所（大学のゼミナールなど）に直接アクセスをしたり、インターンシップによってそうした求職者を早期に囲い込んだりということを始めている。就職情報サイトを活用した人材獲得競争が、外からも「見える競争」だとしたら、こちらは「見えざる競争」ということになるだろうか。２０１６年卒採用以降、こうした見えざる競争がさらに進んでいくというのが二つ目の動向だ。

このように見える部分に加えて水面下での競争が激化したわけだが、競争の具体的な中身自体は、どのように変化したのだろうか。あるいは、しなかったのだろうか。各企業が設定する人材像、使用される採用ツールやその組み合わせ、採用に関わる人員や予算の規模やその配分など、各企業の採用戦略にはどのような変化がみられたのだろうか。

これについては、二つのシナリオが考えられた。一つ目は楽観的なシナリオ、二つ目は悲観的なシナリオだ。一つ目の楽観的なシナリオは、自社の採用にとって脅威となるような変化に直面した多くの企業が、これまでのやり方を見直して採用のイノベーション（変革）が起こるというもの。

多くの企業にとって、採用活動期間の短縮が脅威であることは間違いない。そこで企業の多くが、他社とどう差別化して優秀な人材を確保するかということについて知恵を絞り、競い合い、その結果、新しい採用のあり方が頻発する可能性は、十分に考えられる。採用のイノベーションは、通常、大手企業に比べて不利な立場にあるベンチャー企業や地方企業から発生することが多いと言われているが、２０１６年卒採用においては、それが大企業においても起こったかもしれない、ということだ。

二つ目の、より悲観的なシナリオは、脅威を感じた企業が保守的になり、かえってイノベーションの発生が妨げられてしまう、というものだ。２０１６年卒採用について企業の採用担当者と話をすると、きまって「２０１６年卒の学生たちの行動が読めなくて困っている」「他社の動きが予測できなくて、不安で仕方がない」という声が聞かれる。こうした不透明さや不安ゆえに、各企業は、他社の動向を横にらみにしつつ、求職者の動きに目を凝らして、恐る恐る採用活動を進めていくことになる。その結果、大胆なイノベーションは生まれにくくなる。それどころか、かえってこれまでのやり方に固執してしまう企業が多くなる、というのが二つ目のシナリオだ。

では日本の採用は、どんな道をたどったのか。結論からいえば、２０１６年卒採用においては、①インターンシップへの時間的、金銭的な投資、就職情報サイトに掲載する広告量（料）など、採用リソース（資源）の配分についてはこれまでと違ったパターンが現れる一方で、②採用活動のフロー、使用されるツール、設定される人材像や採用基準など、採用手法そのものについては、多くの企業がこれまでと同じやり方を継続し、③ただし一部の企業では、これまでとはまったく違った、採用のイノベーションが起こった、ということになるだろう。そのことを、具体的なデータとともに確認しておきたい。

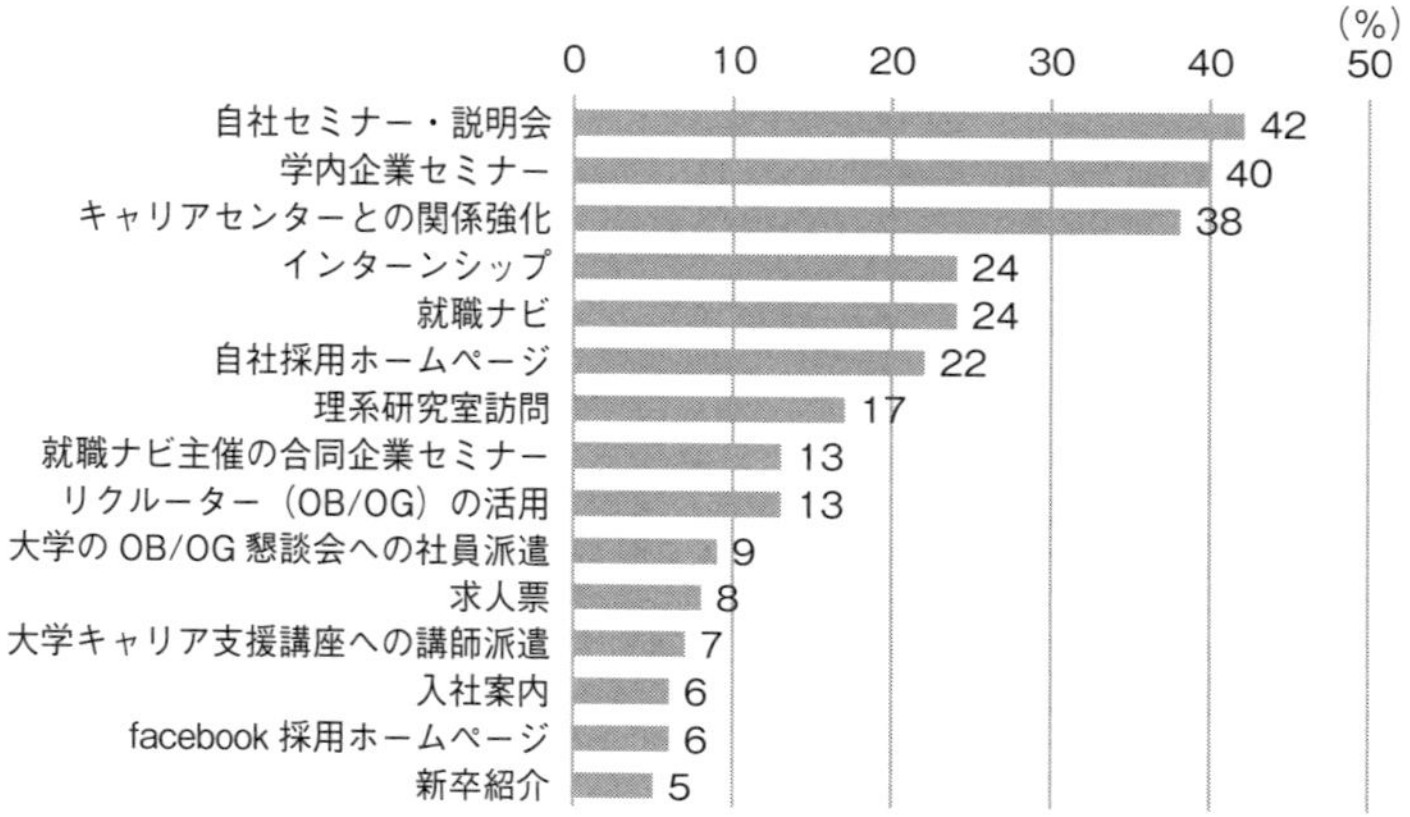

【図 5-1】 HR 総研「2016 年新卒採用動向調査」2015 年 2 月実施。日本企業は、2016 年卒採用において、自社セミナー・説明会、インターンシップなどが重要になると予想。

ここが違った

２０１６年新卒採用でより重要になると思われる施策をたずねたＨＲ総研の「２０１６年新卒採用動向調査」によれば、２０１５年の２月時点で、企業が重要になると予測していたのは、「自社セミナー・説明会」がトップで42％。次いで「学内企業セミナー」40％、「キャリアセンターとの関係強化」が38％と僅差で続いていた（【図5−1】）。「インターンシップ」と「就職ナビ」が24％で並んでいるのが、興味深い。ちなみに大企業（１００１名以上）に限定すると、「学内企業セミナー」と「キャリアセンターとの関係強化」が43％でトップに並び、それに「自社セミナー・説明会」35％、「インターンシップ」29％、「リクルーター（ＯＢ／ＯＧ）の活用」が25％と続く。

今度はマイナビ「企業新卒採用予定調査」によって確認していきたい（【図5−2】）。これは

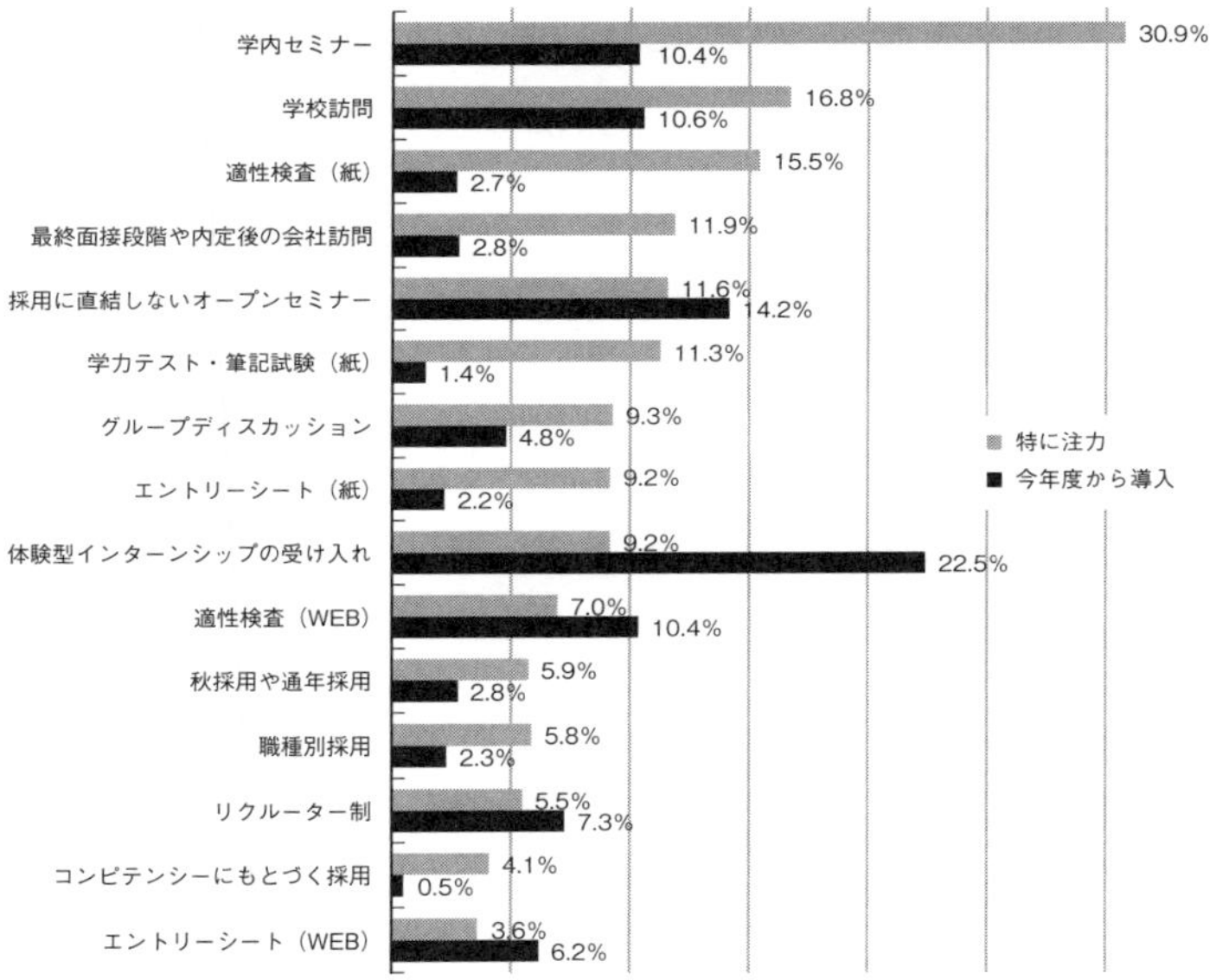

【図5-2】 2016年卒採用において重視する点。「2016年卒マイナビ企業新卒採用予定調査」。2015年2月実施。【図5-1】と同じく、各社がセミナーなど、求職者との直接的なコンタクトを取るための活動に力を割いていることがわかる。

２０１６年卒採用において「特に注力している採用手法」と、２０１６年卒採用から新たに「導入した採用手法」に関して、２０１５年２月に実施した調査だ。先のHR総研のものとは、異なった趣旨で、異なった対象に対して行われた調査なので、結果の受け取り方には若干の注意が必要かもしれない。また、あくまで２月の時点での調査であるという問題もあるが、各企業が採用活動に関する計画を立て終わった後の調査であるため、若干の変更の可能性があるとはいえ、概ね信頼のおける結果であるといっていいだろう。

　これによれば、事前の計画通り、企業は「学内セミナー」（特に注

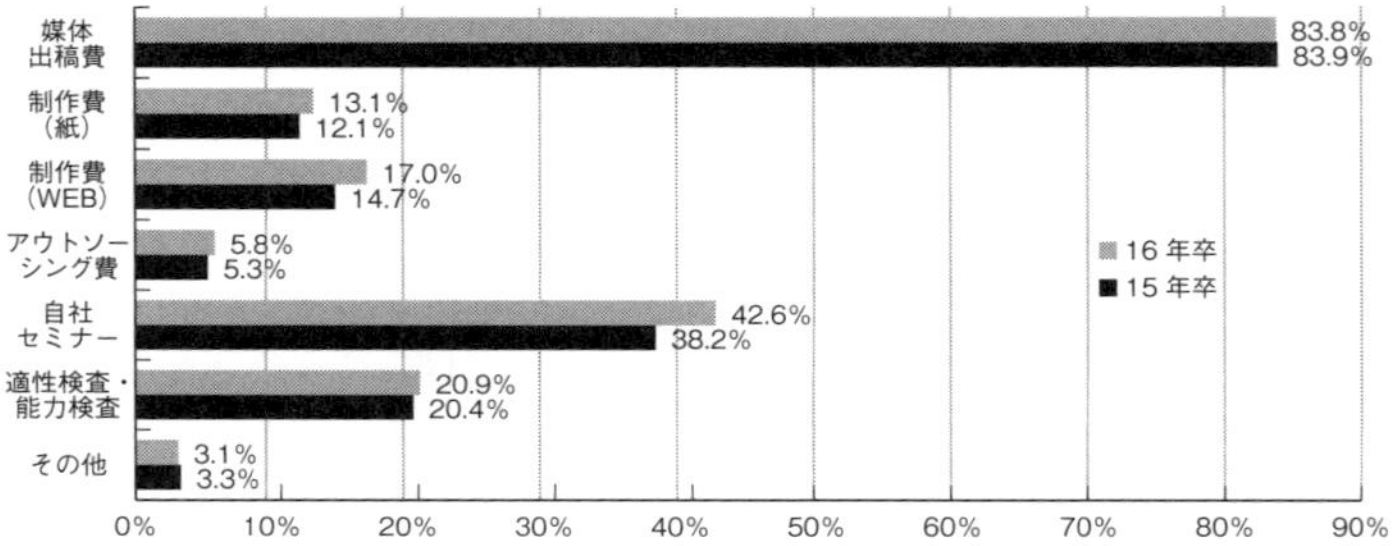

【図 5-3】　採用予算組みの際に力を入れる項目。「2016 年卒マイナビ企業新卒採用予定調査」。2015 年 2 月実施。採用予算の配分でいうと、例年通り、媒体出稿費の割合が大きいが、ついで自社セミナーへの予算配分が多くなっている。

力したという企業が30・9%）にかなりのウェイトを置いたことがわかる。調査企業の10・4%は、２０１６年卒採用から新たにこれを導入している。つづく2位が「学校訪問」（特に注力したという企業が16・8%）であることからみても、２０１６年卒採用においては、多くの企業が求職者およびその供給先である学校との関係性の強化にかなりの力を使ってきたことがうかがえる。これは採用予算の配分にも表れている。

同調査では、各企業の採用予算組みの際に力を入れる項目について、２０１５年卒採用と２０１６年卒採用とを比較した質問も行っているのだが（【図5-3】）、それによれば、採用予算上力を入れる項目として多くの企業があげている（就職情報サイトなどの掲載料にあたる）「媒体出稿費」（２０１６年卒採用では83・8%）についで、「自社セミナー」の割合が大きくなっている（２０１５年卒採用では38・2%であるのに対して、２０１６年卒採用では42・6%）。同様に、「インターンシップ」も、事前の計画通り、多くの企業において今年から新たに導入され（２０１６年卒採用から新たに導入した企業が22・5％)、採用のツールとして徐々に浸透しつつあるようだ。その他にも、「採用に直結しないオープンセミナー」を始めた企業（14・2％)、ウェブベースの適性検査を始めた企業（10・4％）など、選考フローのなかに新たな採用施策を導入した企業は少なくないようだが、主な変化は、募集段階におけるものだといっていいだろう。

採用フローはほぼ踏襲

こうした募集のあり方を中心とした若干の変更はあるものの、採用フロー全体において、ドラスティックな変更を行った企業は少ないようだ。マイナビ「企業新卒採用予定調査」によれば、各企業が２０１６年卒採用において実施した採用上の取り組みは、前年度のそれとほとんど変わっていない。さらに、２０１４年2月に実施した同調査の結果と比較しても、調査項目の設定の仕方などによる若干の変動はあるものの、日本企業の採用フローにおいて実施されている取り組みの中身自体にはほとんど変化がなく、変化があるのはこうした各取り組みを実施している企業の割合であることがわかる。

企業の採用活動の変化について、「選考時に重視する力」という面からも見てみよう。マイナビの「採用予定調査」では、日本企業が「選考時に重視する力」について、経済産業省が提唱する12の「社会人基礎力」(注7)の観点から定点観測を行っている。【図5-4】は、この社会人基礎力を選考時に重視すると答えた企業の割合について、２０１６年卒採用と２０１５年卒採用を比較したもの（調査時点は２０１５年)、【図5-5】は２０１５年卒採用と２０１４年卒採用を比較した

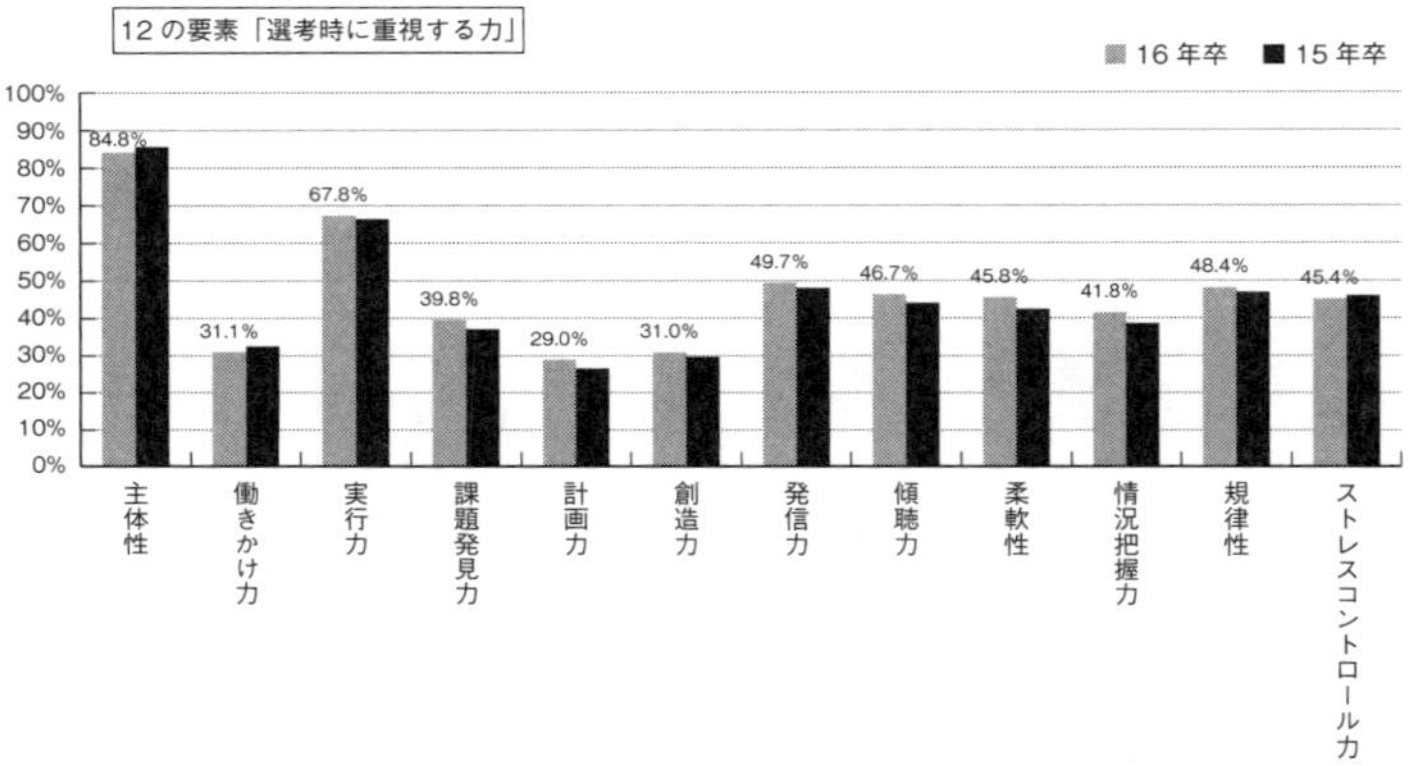

【図 5-4】 選考時に重視する力（2016 年卒採用と 15 年卒採用）。「2016 年卒マイナビ企業新卒採用予定調査」。2015 年 2 月実施。15 年卒と 16 年卒とでは、グラフはほとんど変わらない。

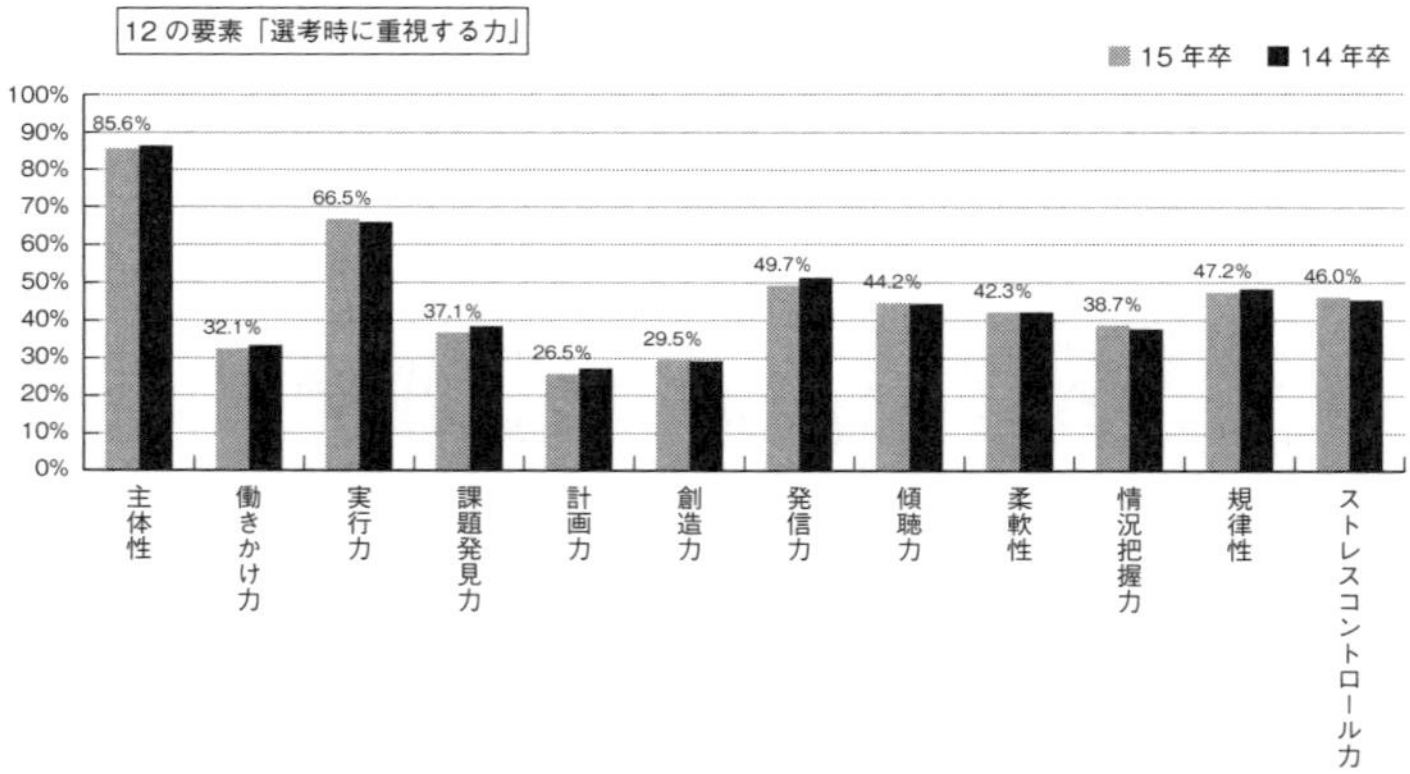

【図 5-5】 選考時に重視する力（2015 年卒採用と 14 年卒採用）。「2015 年卒マイナビ企業新卒採用予定調査」。2014 年 2 月実施。14 年卒と 15 年卒とでは、グラフはほとんど変わらない。

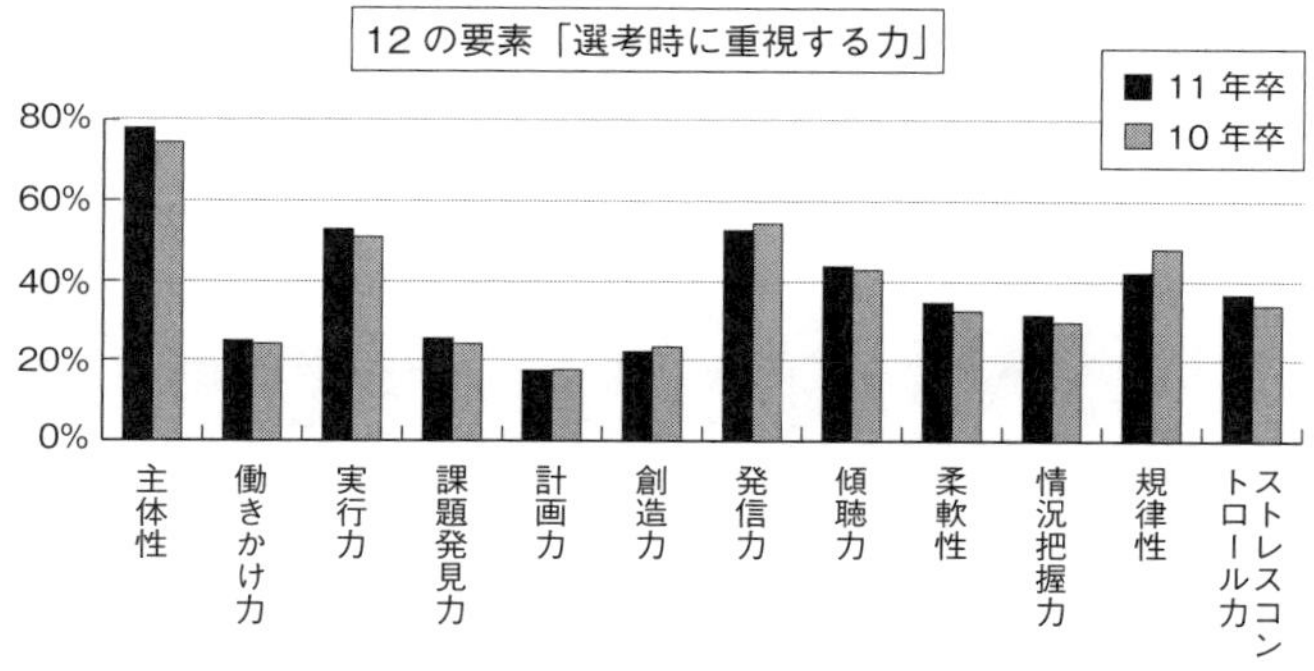

【図5-6】 選考時に重視する力（2011年卒採用と10年卒採用）。「2011年卒毎日コミュニケーションズ企業新卒採用予定調査」。2010年2月実施。16年卒、15年卒、14年卒とグラフはほとんど変わらない。

２０１４年の調査。【図５-６】は、２０１１年卒採用と２０１０年卒採用を比較したものだ（調査時点は２０１０年）。三つのグラフを比べると、この数年間で、日本企業が評価する能力がほとんど変動していないことがわかる。

こんな採用が行われている

少なくとも本書を執筆している２０１５年10月時点では、２０１６年卒採用においても、企業間の人材獲得競争は、これまでとそれほど大きく変わらない、曖昧で同質的なものになってしまった可能性がある。経営組織論に「環境の変化に直面した企業は、従来の仕事のやり方や製品に固執する」という命題があるが、まさにこうしたことが採用の世界でも起こったと言えるかもしれない。

とはいえ、２０１６年卒採用において、目覚ましい動向がまったくなかったかといえば決してそうではない。一部ではあるけれども、少なからぬ企業が、新しい採用方法に挑戦し、採用のイノベーションを成し遂げている。ここでは今まさに継続中の我々の研究室の調査から、その胎動をお届けしてみよう。「ここ3年以内に、日本企業ではどのような新しい採用が誕生したのか?」。私たちはこのような研究課題を掲げ、それを把握する調査を行った。

日本で発生した採用イノベーションのラインナップを調べるために、私たちが用いた方法は、採用の第一線で活動を行っているビジネスパーソンからの自薦・および他薦だ。まず、①facebookを通じて4000名、(注8)②研究会等で告知によって150名、さらに③個人的なつながりを通じて50名ほどの人事担当者および人材関連企業に所属するビジネスパーソンに対して、「ここ3年間の間に登場したもので、採用における『新しい取り組み』だと思われるものをあげてください」という趣旨の依頼をかけ、そのうち50名から回答を得ることができた。さらに、就職情報企業に勤務し、採用業界に詳しいビジネスパーソン3名からも、推薦をしてもらった。これにより得られた45社の採用イノベーションは、以下のとおりである。

・三幸製菓　日本一短いES、求職者に複数のエントリー口を用意する「カフェテリア採用」
・サイバーエージェント　求職者に複数のエントリー口を用意し、再チャレンジも認める「マルチエントリー採用」
・東京一番フーズ　多様な29種類の採用手法
・ソニー　技術系において12年ぶりに学校推薦制度復活

・国際自動車　フリーターを積極的に採用。「転職前提ＯＫ」で新卒募集
・ホリプロ　特定の分野で頂点を究めたナンバーワン経験のある人を採用
・ワタベウェディング　スポーツ、芸術、学業、ビジネスなど分野を問わず自らの努力によって「高い実績（High Performance）を挙げた人」「トップ（ナンバーワン）になった経験がある人」を応募対象とする選考コースを設定
・ロート製薬「往復はがき」で新卒エントリー受付。決まった質問はなく、求職者がはがきの裏面を自由に使って自己を表現するエントリー方法
・福島建機　就職活動1社目に選考を受けた求職者をえこひいきし、最終選考まで本人が希望する限り通過できる「えこひいき採用」
・ヤフー　統計解析を駆使したエントリーシートの活用
・東急エージェンシー　顔を分析するシステムを独自に開発し、その分析結果に応じて様々な「就活支援特典」が得られる「顔採用」
・ビースタイル　面接、エントリーシート、リクルートスーツ、お祈りメール(注9)（不採用通知メール）を廃止し、学生自らが選んだコースで多様な選考を行う「面接やめちゃいました採用」
・吉本興業　大卒に加えて、中卒・高卒採用を実施
・武田薬品工業「ＴＯＥＩＣ」９９０点満点で７３０点以上を特定の職種におけるエントリー要件とする
・岩波書店　応募要件を「岩波書店の著者の紹介状あるいは岩波書店社員の紹介」があることと

した「縁故採用」
・ドワンゴ　求職者に受験料2525円を求める
・三菱化学　就職情報サイトを使用しない
・ビズリーチ　求職者と企業とが肉を通じてつながり、肉を目の前にやりとりをする「肉リーチ」
・チームラボ　規定の応募フォームから氏名・連絡先・卒制／卒論の3点を送り、書類選考なしの卒制／卒論により採用
・ソニー・ミュージック　映像のエントリーシート
・アイスタイル　「ハック」と「マラソン」を組み合わせた「ハッカソン」というイベントを実施。プログラマーたちが技術とアイデアを競い合う
・エイベックス　望む人は何度でもトライでき、「世界を感動の渦に巻き込みたい」という純粋な〝志〟を評価する「志」採用
・オプト　社長直談判採用である「ジカダン」は、社長へ熱い想いを直接ぶつけることができる選考フロー、「タコセン」は他己推薦採用の略で、「これまでの信頼関係」をアピールする採用
・富士通　企業が社員の採用において、特定の分野での実績＝一芸に秀でた応募者を積極的に評価する「一芸採用」
・パナソニック　一芸に秀でた人物を積極的に評価する「一芸採用」
・楽天　世界最大級のビジネス特化型ソーシャル・ネットワーキング・サービス「リンクトイ

ン」を通じた採用
・ソフトバンク　ナンバー1になった実績と努力のプロセスそして会社でその経験をどのように活かすのかを評価する「No.1採用」、新卒採用を1年中開催する「通年採用」
・ＪＩＮ　通年採用
・ヤマハ発動機　秋採用導入
・星野リゾート　求職者に禁煙するか、もしくは非喫煙者であることを要求する「禁煙採用」
・ファーストリテイリング　大学の1年生をもターゲットに入れた採用
・ネスレ日本　大学の1年生をもターゲットに入れた採用
・ガイアックス　30歳未満に対して新卒と同様の扱いで採用
・リクルート　30歳以下に対して新卒と同様の扱いで採用
・ライフネット生命　通常の適性検査よりもはるかに難解な「重い課題」の実施。２０１６年卒採用からは「新卒採用」の既成概念にとらわれない「定期育成採用」も開始
・ドン・キホーテ　エントリーの段階では履歴書の提出を求めず、内定後に身分確認のために提出をしてもらうという「履歴書不要」。海外大卒者を対象とした通年採用も実施
・エクシング　カラオケを通じた採用
・サーチフィールド　「人狼」というゲームによる人材の評価
・三井物産　グループ企業10社と共に合同説明会を開催
・くらコーポレーション　社風体験イベントとして脱出ゲームを実施

・ＪＴＢメディアリテーリング　豪華客船で説明会
・損保ジャパン日本興亜　説明会でフラッシュモブ（複数の人が事前に示し合わせて、突然演奏やパフォーマンスを行う）を実施
・ドリコム　オンラインゲームやソーシャルゲームに関する「過去の自慢話」を募集し「最強のエピソード」に選ばれた応募者にアマゾンギフト券３万円分と新卒採用の１次面接パスの権利を与える「ネトゲ廃人採用」。参加者自身が謎を解いてある場所からの脱出を目指す参加型ゲームを行う「就活×リアル脱出ゲーム」
・enish（エニッシュ）「エンジニア」「ディレクター」の選考を「実技テストのみ・面接なし」で実施
・ＩＭＪ（アイエムジェイ）「落ちたら、採用します。」

傾向を分析してみると

２０１６年卒採用で起こったイノベーション（変革）には、どんな傾向が見られるのか？　今挙げた45社のイノベーションを、「新しさ」の中身に従って分類すると、およそ以下のようになる。

（１）脱○○

２０１６年卒採用においては、「面接をやめた」「エントリーシートをやめた」「就職情報サイトの使用をやめた」といったように、これまで採用の一般的な手法とされてきたものを廃止した

り、その仕様のあり方を根本的に改めたりする事例が多く発生した。日本企業の採用においては、いつしか、就職情報サイトによる候補者群形成、エントリーシートと適性検査によるスクリーニング、複数回の面接による評価……といったいわゆる「一般的なパターン」が形成されてきた。その自明の前提に疑問を投げかけた、いわば「当たり前を疑い、それをやめるという新しさ」に挑戦したのが、このカテゴリに入る企業だ。三幸製菓「日本一短いES」、ビースタイル「面接やめちゃいました」、ソニー・ミュージック「映像のES」などが、これにあたる。

（2）入り口の多様化

就職情報サイトによる候補者群形成→エントリーシートと適性検査によるスクリーニング→複数回の面接による評価……といった採用フローの構成自体を改めたケース。特定の人材を採用するために、あえて複数の入り口を設け、しかも一つ一つ入り口ごとに人材を評価する基準をかえて、多様な人材を取り込むことを意図している。三幸製菓「カフェテリア採用」、サイバーエージェント「マルチエントリー採用」、東京一番フーズ「29種類の採用手法」、ビースタイル「面接やめちゃいました」がこれにあたる。

（3）エントリー要件の明示／自己選抜

求職者に対して、「我が社にはこういう人に来てほしい」あるいは「こういう人には来てほしくない」ということを明示したり、なんらかの方法でエントリーの敷居を高くしたりすることで、エントリーする人数を抑制するケース。候補者群の数を多くすることではなく、その質の高さ、自社にとって優秀な人材が含まれる割合を上げることを意図したもの。求職者に対して映像のエントリーシートを課したり、選抜を受ける者に「受験料」を求めたりするなど、エントリーをしたり選考に進むために、求職者に相当程度の準備を要する課題を課すものがある。

ひと言でいえば、その企業に就職するためのハードルをあえて引き上げることが多くの求職者にエントリーをためらわせることにつながるが、反面、それでもエントリーしてくる求職者は、その企業への志望度がある程度高い者に限定されるという効果が期待できる。加えて、映像のエントリーシートのように、求職者に対して相当程度の労力を要求する場合、それに費やした時間的労力的コストが、求職者にとってのその企業の志望度を高めさせるという効果もある。三幸製菓「カフェテリア採用」、星野リゾート「禁煙採用」、ドワンゴ「2525円の受験料」、岩波書店「縁故採用」、サイバーエージェント「マルチエントリー採用」、ソニー・ミュージック「映像のES」などが、これに相当する。

（4）採用フローの「エンターテイメント化」

学生にとって就職は、「辛くて険しい道のり」だ。その就職を、少しでも楽しくて、ワクワクするものにしようという試み。採用フロー全体にエンターテイメントの要素を取り入れることにより、求職者を惹きつけ、フローからの脱落のリスクを減らす目的があるのだろう。ドリコムの「就活×リアル脱出ゲーム」、くらコーポレーションの「脱出ゲーム」、IMJの「落ちたら、採用します。」、ビースタイルの「面接やめちゃいました」など、多くの事例がこれに当たる。

（5）テクノロジーの活用

経営の世界でもビッグデータやデータアナリティクスの導入が進んでいるが、近年は、人事そして採用の世界でも、外資系企業を中心に導入が進んでいる。有名な例がグーグルだ。

グーグルでは、人材マネジメントのさまざまな領域においてデータ分析が活用されており、採用も例外ではない。同社に送られてくる履歴書は月間10万件といわれるが、これだけの数の候補者群の中から優秀な人材を検出するのは容易ではない。そこでグーグルでは、求職者の経歴や大学での成績はもちろん、求職者が「コンピュータに関心を持ち始めた年齢」や本人の「志向性」に関する情報を集め、それらを0〜100の範囲でスコア化して採用の判断基準の一つとして活用している。こうした情報は、同社のハイパフォーマーなどのさまざまなデータ分析の結果に基づいて導かれたものであり、幾多の候補者の中からグーグルに適応し、活躍する人を効率的に検出する基準として大きな役割を果たしている。今回の調査でも、こうした試みを行っている企業が、いくつか見られた。たとえば、三幸製菓、ヤフーなどがそうだった。

（6）採用時期の多様化、柔軟化

他社と同時期に新卒一括採用をするのではなく、時期をずらす、あるいは逐次採用にするという企業も増えはじめている。既に書いたように、学校を卒業する見込みのある者を、定期的に複数、採用するという「新卒一括採用」こそが、日本の採用の特徴なのだが、この慣行自体に挑戦する企業群がこれに当たる。ヤマハ発動機、ネスレ日本、サイバーエージェント、ガイアックス、リクルートなど、多くの企業がこれを導入しており、今後の重要なトレンドになっていくように思われる。

（7）採用タイミングの変更

採用フローの内容ではなく、人材を採用するタイミングに関わる新しさ。ソフトバンクのように新卒採用を1年中行ったり、ファーストリテイリングのように大学1年生をも採用の対象にしたりするパターン（採用時期の前倒し・後ろ倒し）と、ドン・キホーテや楽天、ヤマハ発動機のように、入社時期を卒業後の4月以外にも拡大するパターン（入社時期の変更）がある。

（8）採用ターゲット変更

通常の「新卒一括採用」では採用対象外となる求職者を採用ターゲットとして、フリーターになろうとしている学生をターゲットとする国際自動車、海外大卒者を狙うドン・キホーテ、学歴不問を打ち出した吉本興業など。

（9）採用のブランド化

採用フロー自体に名称をつけたり、ユニークなフレーズを考案したりするなど、なんらかの意味で自社の採用をブランド化することによって、社会的な関心を呼び、それを採用のリソース（資源）として活用すること。求職者だけでなく社会の方をにらんだブランド化であり、三幸製菓の「カフェテリア採用」、サイバーエージェントの「マルチエントリー採用」、ビースタイルの「面接やめちゃいました」などが、これに当たる。

（10）ワークサンプル

アメリカでは、実際の仕事のサンプルをさせて成果を見るワークサンプルが一般的なようだが、日本でもこれに準じた手法を導入する企業が増え始めている。

ユニークな採用4例

ここでは、採用のイノベーションの具体的なケースを四つ紹介したい。こうした例を知れば、企業規模の大小を問わず、自分の会社でも自社に合ったユニークな採用方法を考える余地はまだ十分あるのだと、元気づけられるにちがいない。

では、三幸製菓の「カフェテリア採用」、サイバーエージェントの「マルチエントリー採用」、ビースタイルの「面接やめちゃいました」、そしてヤフーの「『デジタル』と『アナログ』の混合」を見てみよう。

ケース① 三幸製菓株式会社の「カフェテリア採用」

本社は新潟

新潟駅からJR白新線に乗り10分ほど行くと新崎駅に着く。そこから北へまっすぐ500メートルほどのところに、いま採用の世界で大いに注目されている、採用のフロンティア企業の本社ビルがある。

創業は昭和37年、従業員数1060名（※2013年9月時点）、資本金3000万円。業界でのシェアは、米菓メーカーでは同じく新潟県内に本社を置く亀田製菓に続く第2位、菓子業界全体でいえば第9位に位置する。「雪の宿」や「ぱりんこ」でおなじみの会社といえば、ピンとくる読者も多いのではないだろうか。

人事課はパート社員を含めて数名で、新卒採用、中途採用、育成、人事制度構築、社会保険手続、労務管理、給与計算等々を行っている。当然、新卒採用専任者はいない。だが、この小さな人事課が展開する採用が熱い。まさに新潟発、全国行きのイノベーションだと筆者は考えている。

三幸製菓は、どのような事情があって、どのように新しい採用にたどり着いたのだろうか。その事例そのものではなく、その背後にどんな「論理」があるのかということに思いを馳せつつ、味わっていただきたい。

負け組の認識からの出発

今でこそ、毎年10名から15名程度の新規採用者の多くを、東京・大阪・名古屋といった大都市圏、しかも国立大学や有名私立大学、海外の有名大学から迎え入れる全国メーカーとなっているのであるが、2006年までは地元新潟を中心とした採用活動を行っていた。「どうせ新潟本社の企業。全国で採れるわけがない。そういう負け組の考えがしみついていました」と人事担当者は語る。

人事担当の社員たちは、採用における自社の最大の問題が、企業として知名度・ブランドがないことにあると感じていた。学生を対象としたアンケート調査でも、ライバルメーカーの知名度が8割にものぼるのに比べて、同社の知名度はわずか2割。「まずは自社のイメージづくりと知名度の向上を図らなければならない」そう感じたという。ただ、企業のイメージ作り、知名度の向上はそう簡単なことではない。

「どのような会社でありたいのか」。経営陣とそのことについてとことん話し合った。「〝新潟の〟会社でいくのか？　それとも全国に販売網を持つ企業として全国メーカーでありたいのか？」と。誰もが、答えはわかっていた。「全国で勝負したい」のだ。他メーカーとの知名度の差を数値で示し、「同じ予算で採用活動を成功させることはできない。他社は採用予算に加え、普段から商品の宣伝広報に投資し、社名を認知してもらう努力をしている」と訴えた。その結果、現在の採用予算は、当初予算の10倍程度に増えている。採用活動を通じて、企業のイメージを形成する。それがたどり着いた答えだった。

まず着手したのは、既存の採用チャネルの拡張だった。リクナビのリッチコンテンツを拡充し、大都市圏で開催される合同説明会に通常の倍の2コマ分のブースを出展。出展ブースの内装や入社案内も、企業ロゴにちなんだ情熱的なイメージのある赤色に統一した。合同説明会などで使用する入社案内もデザインを一新し、通常の紙ではなく、「巻物」にすることでインパクトを持たせた。

通常、合同説明会では、求職者は1日で10社以上のブースを見ることになる。当然、一つ一つの会社の入社案内をじっくり見ることはない。「巻物」にすれば、求職者が気になって目を留めてくれると考えたわけだ。また、採用面接などで使う会議室をこれまで使用していたものよりもグレードの高いものへと切り替えた。会社説明会の内容にも大いにこだわった。「社員自身が会社を変えていく」ということを強いメッセージとして伝えるような選挙ポスター風に仕上げた入社案内を用意した。「三幸製菓イコール菓子メーカーではなく、三幸製菓イコール熱い会社と思ってもらいたかった」という。

カフェテリア採用

もちろん、見た目やイメージだけではない。採用の実質的な仕組みにおいても、しっかりとした論理に裏打ちされた、ユニークな取り組みを行っている。それが同社が2015年卒採用から導入している「カフェテリア採用」だ。

求職者たちを一律に、同じ方式の下で募集し、選抜するのではなく、彼（女）らが自分自身のスタイルに合わせて、自分に最も合った募集・選抜のスタイルを選択する、実際のカフェテリアの発想を採用の世界に持ち込んだやり方だ。「個人にはそれぞれの関心、特技、価値観がある」という思いが、その背景にはある。

2016年卒の採用では、独自の採用スタイルがさらに進化している。メールアドレス入力だけの「日本一短いES」でエントリーすると、「35の質問」というオリジナルの適性検査へのリンク情報が送られてくる。既存の社員に対するインタビュー調査とアンケート調査の統計解析によって、自社の社員として必要な優秀さを、六つの行動特性「（1）外交性、（2）開発性、（3）認知欲求、（4）水平的集団主義、（5）あいまいさの享受と統制、（6）達成性」に分けており、応募時にWeb上で「35の質問」に答えさせることで、あらかじめ応募者にこれらの特性があるかを見極める仕組みになっている。

質問は、「1人で過ごすよりも、大勢で過ごすほうが好きだ」「やることの明確に決まった課題のほうがやりやすい」といった質問から構成されており、この時点で、何割かが不合格となる。「どんなにバランスのとれた優秀な人でも、弊社が欲しい人材ではないかもしれない。求める特性に合致する人だけをスクリーニングしていきます」(人事担当者)。

これに回答すると、「おせんべい採用」「おとまり採用」「考えな採用」「わんこ採用」「出前全員面接会」など、17種類もの選考方法から、応募者に合った数種の選考方法を会社側から提案される。それぞれの求職者の特徴に関するデータをもとに、その人が最も「自分らしさ」を発揮しやすいと思われる舞台を会社側が提供し、その舞台に立ってもらった上で選抜を実施するということだ。

具体的にイメージしてもらうために、ここではいくつかの方法について説明しておこう。

出前全員面接会

「エントリーシート(やその他の選抜)をクリアした者だけを対象に、企業が指定して、企業が会場準備をした場所で行う」というのが、日本における採用面接の常識である。これを覆したのが、三幸製菓が実施する多彩な採用プランの一つ「出前全員面接会」である。このプランの面白い点は、面接の場所を、三幸製菓側ではなく、応募者が指定し、応募者自身で会場準備を行う点にある。応募者は、会場設定・準備という負担を負う代わりに、希望しさえすれば必ず、もれなく、三幸製菓社員に対面式の面接をしてもらうことができるわけだ。

「出前」が実現するためには、二つの条件がある。一つは、応募者自身が5名以上の仲間（応募者）を集めることができること。さすがに一人の応募者のために、新潟から担当者が出張することはできないわけだ。そして二つ目は、自分自身で場所をちゃんと用意して、採用担当者との間で誠意を持った対応ができること。「出前全員面接会」はもちろん遊びではなく、大真面目な採用活動なのだ。三幸製菓への就職を本気で考え、会場の選択から予約、担当者との間で何度も調整の連絡を取り合わなければならない。こうした一連の手続きをしっかりと、滞りなく行うことができる人、あるいは少なくともその気がある人だけが、この採用プランへの応募資格を持つわけだ。

具体的なフローは以下の通りである。まず求職者が「出前全員面接会」へと申し込みを行う。申し込みが入り次第、三幸製菓の採用担当者からの返信があり、面接会場の設定等に関する指示が行われる。求職者は、さっそく会場の準備や5名の仲間集めを始め、状況を逐一採用担当者に報告することになる。「出前面接」の当日、座談会の形式でざっくばらんな会話と、自由闊達な質疑応答が行われる。学生側からも自由に質問が行われるので、学生はこの時点でかなりの疑問・不安を解消することができる。これ以降のフローは、いわゆる「遠距離就活」とおおよそ同じだ。

▼出前全員面接会申込

出前全員面接会実施

▼

SPI（テストセンター推奨）

▼

面接（Skypeにて実施）

▼

最終面接（新潟市の本社にて実施）

新潟採用

「新潟採用」といっても、新潟エリア内でのみ勤務する、いわゆる「エリア総合職」のことではない。新潟で暮らし、働くことに興味を持ち、新潟を愛する人を対象とした、いわば「新潟大好き採用」である。新潟在住者や出身者はもちろん、新潟以外に住んでいて新潟に興味を持っている人も、「新潟採用」の候補に含まれる。

「新潟採用」では、まず新潟への想いや新潟とのかかわりに関するアンケートへの回答・提出を求められる。通常のエントリーシートとは違って、三幸製菓自体への関心や志望動機というよりも、むしろ新潟という地域そのものへの関心が確認される。そのうえで、Skype（ビデオ通話）による1次面接、2次面接およびSPI（適性検査）を経て、「新潟への想い」についてのプレゼンテーションとなる。ここで候補者は、大好きな新潟の地で、自らの新潟への想いを思う存分披露できるというわけだ。そして最後は、他の選考と同じく、新潟本社での最終面接となる。

新潟採用のフロー

アンケート
▼
1次面接（Skypeにて実施）
▼
SPI（テストセンター推奨）
▼
2次面接（Skypeにて実施）
▼
プレゼン大会（新潟にて開催）
▼
最終面接（新潟市の本社にて実施）

おせんべい採用

「どうして、この業界に就職をしたのですか？」三幸製菓の社員にこうたずねると、何人かに一人が、「せんべいが大好きだから」と答える。取材のために、同社の社員の何名かにインタビューをしたのだが、この会社にはそうした想いでこの会社を選び、働いている社員が少なからずいることがわかった。「Ｎｏ せんべい、Ｎｏ Ｌｉｆｅ（せんべいがなければ人生じゃない）」というわけだ。

ただ、これを採用にまでつなげてしまうのが、三幸製菓の面白いところだ。全体のフローは、おおよそ、「新潟採用」と似ている。違うのは、重視されるのが「新潟」ではなく、「せんべい」という点。

具体的に求職者は、まず「せんべいへの想い」などに関する課題の提出を求められる。ここでも、三幸製菓自体への関心や志望動機よりも、むしろせんべいそのものへの関心が試されているわけだ。そのうえで、Skypeによる1次面接、2次面接およびＳＰＩを経て、次に行われるのは、自らのせんべいへの想いを思う存分披露するプレゼンテーションだ。こちらの場合は新潟ではなく、東京や大阪が会場となる。最後は、他のすべての選考と同じく、新潟本社での最終面接となる。

おせんべい採用のフロー

▶課題提出

1次面接（Skypeにて実施）

▼

SPI（テストセンター推奨）

▼

プレゼン大会（東京・大阪にて実施）

▼

最終面接（新潟市の本社にて実施）

カフェテリア採用の進化は止まらない。17の入り口それぞれにどんな求職者が集まり、それは企業側が意図していたように十分な多様性のある候補者群になっていたのか、「35の質問」によって適切に17の入り口への振り分けをすることができたのか。こうした点について、感覚的な議論ではなく、データ解析に基づく議論を行うことで、今後もさらにブラッシュアップされていくことになっている。

ケース②　サイバーエージェントの「マルチエントリー採用」

「実力主義型終身雇用」の会社へ

Ameba（アメーバ）などのメディア事業、アプリ開発事業などの多数の事業を手がけるインターネット総合企業のサイバーエージェントは、ユニークかつ核心をついた人材マネジメント施策を打ち出している企業として、人事の世界でも注目されている。そのサイバーエージェントの採用に関する取り組みを紹介したい。

２０００年3月、月刊『文藝春秋』によって、光通信の携帯電話売買を巡る不正が報じられたことを契機に起こった株価暴落が象徴するように、インターネットバブル崩壊とその後の不況の影響もあって、まだ市場が成熟していなかった当時のインターネット業界は、人材の流動性が極めて高い状態にあった。２０００年に東証マザーズ上場を果たしたサイバーエージェントも例外ではなく、急速に成長する他の多くの企業と同じように、人材の流動性の高さに悩んでいた。同社の離職率は、一時期は30％を超えていたという。

そこで同社が取り組んだのは、社内において社員たちが常に新しさに挑戦し、そこで得たノウハウ・スキルが世代を通じて継承されること、組織と個人との間の信頼関係を維持しつつ、お互いが健全な緊張感を持ち続けることができるような「実力主義型の終身雇用」への転換であった。ユニークな新卒採用方法を説明する前に、社員を惹きつける取り組みについて紹介しよう。

成長著しいインターネット業界においては、社員一人一人が新しさへと「挑戦」することが重要であり、そのためには、社員たちが「安心」して挑戦できるような環境が必要になる。「挑戦」を促す仕組みとして同社が導入したのが、社内公募による新規事業プランコンテストである「ジギョつく」。そして社内異動の活性化の仕組み「キャリチャレ」であった。

・事業育成プログラム「ジギョつく」

年2回、新規事業の立ち上げをより活発に行っていくために実施される、新規事業プランコンテスト。社員が事業の立ち上げを提案し、採用されれば、その社員は事業責任者として立ち上げから運営まですべてを任せられることになる。過去の優勝者には新卒2年目の社員もおり、有望な新規事業を生み出すのと同時に、社員に経営・起業経験をもたらし、人材育成の場ともなっている。

現在は、実効性をより高めるために、「NABRA」という新しい仕組みを導入するなど、進化を続けている。

・社内異動FA公募制度「キャリチャレ」

現部署での勤続年数が1年以上であれば、他部署やグループ企業へ異動しキャリアチャレンジする機会を与えられる社内異動公募制度。4月と10月の年2回実施しており、現部署の上司には分からない形で申請が可能、「すぐ」「半年以降」など異動時期を選べるのが特徴。「現部署で活躍している人材」だけが異動対象になり、半年ごとに10名前後の異動が行われている。

誰も経験したことのないことに挑戦するためには、社員たちが安心して日々の生活を送れることや、長期にわたって働ける環境をつくることが重要になる。そこで、上記の挑戦のための制度と合わせて導入されたのが、種々の福利厚生関連の制度だ。

・休んでファイブ

心身のリフレッシュ、そしてさらなるチャレンジを目的に、2年勤続するごとに5日間の特別休暇が取得できるというもの。

・2駅ルール

勤務しているオフィスの最寄駅から各線2駅以内に住んでいる正社員に対して、月3万円の家賃補助を支給する（なるべく通勤時間を短くさせる配慮である）。

・どこでもルール

さらに、入社日より継続して5年以上勤務した正社員に対して、月5万円の家賃補助を支給している。入社5年目というのは、多くの社員が、結婚や育児によって住む場所や環境を変える時期に当たる。この時期の精神的、経済的な負担を軽減することが目的。住んでいる場所は特に問わず、2駅ルールも含め、従業員の約7割が利用しているという。

その他にも女性が長く働き続けられるための制度「macalon（マカロン）」など、新しい取り組み、仕掛けが次々と生まれている。こうした取り組みもあって、一時期は30％を超えていた同社の離職率は、2007年には12％、2016年現在は10％程度にまで減少したという。その10％の中には、進学や家業を継ぐといったケースが多く含まれているため、実質的に、会社の組織や仕事に直接関わる理由によって離職する社員は、極めて少数になった。Great Place to Work ® Institute Japanによる「働きがいのある会社」調査において、「働きがいのある会社」ベスト20社に選ばれるなど、これまでの伝統的な日本企業とは異なる、インターネット業界なりの、新しい「実力主義型の終身雇用」を確立しつつあるように思われる。

・マルチエントリー採用

この「実力主義型の終身雇用」の確立を目指すサイバーエージェントが行っている採用が面白い。同社の採用ポリシーをひと言でいうならば、求職者一人一人との接触時間と密度を上げ、それぞれの「優秀さ」に丁寧に向き合う、ということになるだろう。「会社説明会と面接というワンパターンだけでは実力を見抜けない」という強い問題意識にもとづき、社員として共に働く求職者の能力を、多様なアプローチによって見極めようとしている。

まず2015年卒採用から、就職関連イベント、インターンシップやリクルーターといった、社員と求職者との直接の接触を重視する採用へとシフトチェンジしていたのだが、2016年卒採用からは「マルチエントリー採用」と呼ばれる新しい採用のあり方にも挑戦している。

マルチエントリー採用は、ひと言でいえば、「さまざまな可能性に挑戦できる多様な入り口(30以上)の中から、求職者自身が選んで、応募ができる採用」だ。「メディアプロデューサー養成講座」「弟子入りコース」「GitHub Challenge」などなど、30を超える入り口が用意され、求職者はこの中から自分がチャレンジしてみたい入り口、自分の良さが最も生きるであろう入り口を選択する。入り口には、それぞれ、こういう人材が来て欲しい、という具体的な人材像があり、それが求職者用のページにも明記されている。いくつか、具体的な入り口を紹介しておこう。

〈メディアプロデューサー養成講座〉

主力事業の「Ameba」など、新しいサービスを次々と生み出しているサイバーエージェントでは、どのようにサービスを創り、成長させているのか。サービスを創り出している現場社員を講師に迎え、サービス開発から成長戦略まで、ケーススタディーを交え講義する。全体のフローは、「講義（5時間×5日）→個人ワーク→課題発表→社員によるフィードバック→懇親会」といった流れで構成されている。この入り口によって求める人材は、「サービス立ち上げに興味がある人」「将来世の中の多くの人が利用するヒットサービスを創り出したい人」である。

〈弟子入りコース〉

選考を勝ち抜いた者が、取締役や子会社社長、広告およびメディア事業の事業責任者を「師匠」とし、「弟子入り」する権利を得る。弟子たちは師匠のもとで、リアルなビジネスの現場を肌で感じ、師匠から課されるお題に取り組み、最終選考に臨む。師匠から「優秀」と評価された弟子は、そのまま弟子入り先の部署への抜擢や就業のチャンスを掴むことができる。全体のフローは、以下のとおり。

まず1次面接、2次面接が行われ、そこを通過したものは、2日間程度、各師匠のオフィスへ出社することになる。弟子入り中は師匠社員に密着し、会議などに同席、お手伝い業務等を行う。その中で、師匠から具体的な課題を提示され、自分自身の手でアウトプットを提出することになる。その結果を、師匠に発表し、フィードバックを得ることをもって終了。この入り口からは、「就職活動において、誰よりも早くスタートダッシュをしたい人（師匠に認められさえすれば、その時点で、サイバーエージェントへの採用が決定するという意味で、選考が極めてスピーディーであるため）」「今すぐリアルなビジネスの現場で自分の力を試したい人」「同社の取締役および事業責任者への弟子入りに挑戦したいという野心溢れる人」が入ってきてくれることが期待されている。

〈GitHub Challenge〉

通常の書類選考の代わりにGitHub（GitHub社が運営するサイト。コードを共有したり公開するためのサービスで、プログラマーのためのソーシャルネットワーキングサイトとしての性格も持つ）のレポジトリ（コードを貯蔵する場所）を審査対象とした採用。この選考を通過した者は、1次面接スキップ等の権利が得られ、エントリーしたレポジトリは、同社エンジニアが中心となってレビューし、通過すればエンジニアからの直接のフィードバックが得られる。

おおよそ、以下のように選考が進んでいく。まず、求職者は、自分自身の情報をマイページに登録し、必要事項を入力してエントリーする。その後、サイバーエージェント側が、提出された作品についてのレポジトリ審査を行い、その結果が、エンジニアとの面談によって発表される。面談は、いわゆる採用面接のような形式ではなく、提出された作品の内容に主眼を置いた、フィードバック面談の色合いが強い。その後、1、2回の面接を挟んで、内定が決まっていく。ここでターゲットとする人材は、当然のことながら、「エントリー時点でプログラミング能力を有している者」なのだが、合わせて自分自身の「プログラミングスキルの向上を目指している者」、そして「多くの企業が実施している煩雑なエントリー作業や面接に疑問を感じている者」も、取り込むことを意図している。

三幸製菓のケースと同じように、求職者の「優秀さ」が多様であることを前提に、そうしたさまざまな「優秀さ」を評価することのできる、内容の異なる複数の入り口を用意する採用だ。ひとつの入り口からの選考に落ちたとしても、他の入り口から再チャレンジすることができるというのも面白い。

ケース③　ビースタイルの「面接やめちゃいました」

面接に意味はあるか?

他の誰も思いつかない「何かを始める」ことだけでなく、他の誰もがやっている「何かをやめる」こともまた、一つのイノベーションである。採用の世界において、これに挑戦したのが、主婦を対象とした人材支援事業を展開しているビースタイルだ。「best basic style：時代に合わせた価値を創造する」を標榜する同社だが、自社採用においても新しい価値作りに挑戦している。

ビースタイルの問題意識は、ともすれば表面的なやり取りに終始しがちな今の採用活動への疑問だ。ビースタイルのようなベンチャー企業であっても、就職情報サイトに広告を掲載して人材を集めれば、数千名のエントリーがあるのだが、このうち実際に採用することになるのはせいぜい5~10名程度。

数千名の中には、なぜビースタイルに応募してきたのだろうと首を傾げたくなるような求職者がいる一方で、採用にならずに落とされてしまった求職者の中にも、もっと時間をかけて向き合っていれば、ビースタイルで活躍するような人材がいたのかもしれない。そう考えていくと、募集段階で大規模な候補者群を集めて、選抜において大量に落とす今の採用は、企業側にとっても求職者側にとってもあまりに無駄が多いのではないか。こうしたクリアな問題意識から、201

6年卒採用においては、「大手の就職情報サイトを使って人を集め、グループ面接と通常の面接を行う」という伝統的な採用フローをやめて、三つの新しい取り組みを開始した。

一つ目は、面接の廃止だ。同社の採用ページをみると、以下のメッセージが目に飛び込んでくる。

「面接を廃止します。

なぜ、面接を廃止するのか。それは、『面接では、入社後に活躍するかどうか、お互いの相性を見抜けない』という仮説にたどり着いたからです。これまでの仕事の経験から能力や向き・不向きを推し量れる中途採用と比べ、新卒の場合はそもそも大部分の学生は働いた経験が少ない（アルバイト）、またはないですから『入社して、一緒に働いてみないとわからない』という未知の領域が大きいわけです。また面接では……各社似通った質問を学生にぶつけ、学生も事前に用意してきた答えを返すわけです。……それでは本当に採用すべき人なのか分からないですし……不幸な結果を招くことになるかもしれません。」

面接のかわりに同社が用意したのが、まったく異なる五つの人材像とそれに対応する入り口を提示し、求職者自身にその入り口を選んでもらい、エントリーさせるやり方だ。具体的には、

「勝負事大好き学生（勝負することが好きで、負けず嫌いの求職者がターゲット）」
「勉強キライじゃないよ学生（お勉強なら負けない、知識の量なら自信がある求職者がターゲット）」

「キャプテンだった学生（さまざまな場面でリーダーシップを発揮する立場にあり、リーダーシップなら自信があるという求職者がターゲット）」
「新卒だけど即戦力の自信があるよ学生（学生時代に既に起業している、プログラミングのスキルなら負けないなど、既に他人に自慢できるようなスキルがある求職者がターゲット）」
「空想でご飯食べられちゃう学生（あれこれと新しいアイデアについて考えることが好きで、一旦考え出すとつい時間を忘れてしまうアイデア勝負の求職者がターゲット）」

というように、企業側が求める具体的な人材像に直接関係する五つの入り口が用意されており、それぞれの選考では、それぞれの能力なり特性を測るのに適したテーブルゲームやディスカッション、プレゼンテーション等のプロセスが用意されている。

「勉強キライじゃないよ学生」は、たとえば高校生クイズに出るとか、大学で研究を続けてきたような学習が得意な求職者をターゲットにするのだが、ここにエントリーすると、これまで蓄積してきた知識をどう応用できるかというディスカッションをすることになる。ビースタイル側からも、そのタイプ（知識人）の代表格といえるような社員を選抜して配置し、求職者との間で白熱した議論を交わすことで、求職者の個性や才能を見出していくのだ。

二つ目は、リクルートスーツの着用廃止。ビースタイルの選考は、リクルートスーツの着用が禁止され、全員が、私服で参加することが求められる。就職活動においてリクルートスーツの着用を義務付けることについては、求職者と企業側双方にとってプラスとマイナスの両面があって、一概に判断することが難しい。求職者が一律に同じ格好をすることで、採用する側からすれば、服装の色彩や形状、その着こなしの巧拙といったノイズが判断に入り込むことを防ぐことになるし、求職者にとっては、リクルートスーツを1、2セット揃えておきさえすれば、どの企業にも同じ格好で行くことができるという、効率面でのプラスが大きいのだろう。

反対に、求職者の服装が均質化されることで、本来であれば他者とは違う個人の個性が表現されるべき就職活動が、必要以上に無個性なものになってしまう、というマイナス面もある。どちらにもプラスマイナスがあって、そのどちらを重視するかによって答えは変わってくるのだけれど、ビースタイルは後者を重視したわけだ。ファッションセンスや、着こなしのうまさを見たいのでは決してなく、ちゃんとした理由があるのであれば、あえてリクルートスーツを着てきました、というのも許される。とにかく、「周りがそうしているから」という理由でリクルートスーツを着てくるということをして欲しくないのだ。

「私服で来てください、というのは楽なように見えて実はハードルが高いことではないでしょうか。無理におしゃれをしたり、アピールをしようと『やりすぎ』な格好をする必要はありませんが、ビースタイルの選考を受けるにあたって今日はどんな服を着て行こうとか、今日は社員の誰と会い何をするのかとか、理想を言うとそういうところまで思考を巡らして欲しかった」とは、担当者の言葉だ。

三つ目は、求職者の方がビースタイルでの就職を辞退しないかぎり、全員を最終選考まで進ませ、いわゆる「お祈りメール」(不採用通知メール)も廃止したことだ。既に書いたように、同社にはこれまでにも数千名のエントリーがあり、1次面接と2次面接では、その半数以上を落としてきた。そうして落としてきた求職者の中には、他者にはない突出した能力や特性を持ちながらも、それを一度や二度の面接においてうまく表現できなかったがために、落とされてしまった人が少なくなかったのではないか、というのが担当者の感想だった。

面接では、どうしてもコミュニケーション能力の高いものが有利になるため、そうしたことに長けていない求職者は、自らの素晴らしい能力や才能をとうとう表現することなく終わってしまうことがある。このような、面接という手法をとっているがゆえに発生してしまう機会の損失を回避し、一人一人の求職者と可能な限り多くの接点を持つために行っているのが、「全員が最終選考まで進める」という採用だ。上記のように様々な入り口があるので、一概には言えないが、どの求職者も最低5回は、様々な方法でビースタイルの社員と直接のコミュニケーションを取れるように設計されている。

もちろんその途中で、あきらかにビースタイルには合わない求職者、このままでは同社の採用基準に乗らない求職者も出てくるわけだが、最終選考のタイミングまでは「お祈りメール」を出したりせず、それがわかった時点でそうした評価を包み隠さず、本人にフィードバックしている。それを受けて、次回の選考までに本人が改善してくればそれで問題ないわけだし、もし仮にそれができなかったとしても、求職者は自分がこの企業に向いていないということを明確に理解し、納得することができるだろう。とにかく、お互い納得がいくまでじっくり時間をかけながら、選考を進めていくのだ。

ケース④　新生ヤフーの採用における「デジタル」と「アナログ」の混合

爆速ヤフーの人事変革

米Yahoo! Inc.とソフトバンクの合弁により、ヤフー株式会社が誕生したのが1996年だから、同社は日本のインターネット業界を黎明期から支えてきたプレーヤーだったといっていいだろう。いまなお、国内最大のポータルサイトとして月間5000万人の訪問者数を集める「Yahoo! JAPAN」や「Yahoo!ショッピング」「ヤフオク!」などのeコマースで知られる同社だが、売り上げの中核は広告関連収入にある。ITバブルとその不況を超えて、近年は増収増益を続けてきた同社であるが、競合に比べてその成長はやや緩やかなものになりつつあった。従業員規模も、既に連結ベース（子会社も含め）で5000名を超え、完全に巨大企業になった。同社のさらなる成長を企図して始まったのが、2012年に就任した宮坂学社長兼CEOが掲げる「爆速経営」であり、人事面の抜本的な改革だった。

人事部門の経験がまったくなかった本間浩輔氏を人事本部長に抜擢し、社員の才能と情熱を解き放ち、成長できる機会を増やす「人材開発企業」になることを目標に、驚くほどのスピードで社員と組織の改革を進めている。本間氏を中心に、才能・情熱を解き放つ人事制度改革の実施、社員がお互いのパフォーマンスについてフィードバックを行う文化の創出、組織開発を専門に行う部署の新設など、さまざまな取り組みを行い、成功させてきた。

・デジタルとアナログをブレンド

「人財開発企業」を標榜するヤフーだが、採用もまた進化を続けている。ＩＴ業界のリーディングカンパニーであり、ここ数年、毎年２００名以上の新入社員を採用してきたヤフーの採用担当者が目指しているのは、「デジタル」と「アナログ」をブレンドさせた採用のあり方だ。同社の採用は、（１）エンジニアを対象としたエンジニアコース（２０１６年卒採用の場合、採用人数はおよそ１３０名程度）と、デザイナーを対象としたデザイナーコース（同、30名程度）。そして（２）ビジネス全般に携わる人材を対象としたビジネスコース（同、50名程度）の三つに分かれている。

採用担当者（そして若干の人事担当者および派遣社員）が、それぞれ緩やかに連携しつつ、２００名以上の採用を動かしている。エンジニアの採用においてもデザイナーの採用においても、またビジネス採用においても、就職情報サイトを活用した募集が行われることは共通しているが、以降のフローは、エンジニアとデザイナーの採用はほぼ同じで、ビジネスコースだけが大きく異なっている。ここではエンジニアとデザイナーの採用を紹介しよう。

・独自のエントリーシート判定

エンジニアおよびデザイナーの採用(注10)においては、エントリーシートの提出が行われた後に、「座談会」と呼ばれる会社説明会へと招待されるのだが、ここに同社の採用の一つ目の特徴がある。エントリーシートは通常、採用担当者による主観的な判断によって評価が行われるか、大学名など特定の基準に従って機械的に評価されることが多い。この場合、評価者の主観的な判断によって、本来優秀であるはずの人材が落とされたり、他の評価者であれば合格にしていたような人材が落とされるといったことがかなりの確率で起こってしまう。そこでヤフーは、通常のエントリーシートの評価に加え、評価者の主観的判断を可能な限り排除するために、「デジタルジャッジ」というやり方を導入している。

採用担当者は、過去の採用データを解析することによって、エントリーシートで記載された内容と実際の選考結果との関係性についてかなりの程度正確な分析結果を手にしている。(注11) 実際に用いられている手法を書くわけにはいかないので、あくまで例にはなるが、たとえば「卒業時点で○○○（具体的なツールやソフトの名称）というツールを使いこなし、○○○（具体的な学会の名称）で報告している人は、採用後に優秀なエンジニアになる確率が高い」といった具合である。こうしたデータ解析結果に基づいて、エントリーシートにおける質問項目を設定することで、ピックアップするべき人材、この段階で落としてはならない人材を確実に検出するのである。

ウェブベースで実施し、入力ページにおいて、幾つかの質問に回答してもらう。たとえば先の架空の例でいえば、「○○○（具体的なツールやソフトの名称）を使ったことがありますか」とか、「○○○（具体的な学会の名称）学会で発表したことがありますか」といった質問である。こうした質問に対する求職者の回答を分析し、過去のデータの分析結果と照合することで、どの人材をのちのフェーズへと迎えるかを判断するわけだ。

くりかえすが、デジタルジャッジは、求職者群を効率良く落とすための仕組みでは決してなく、評価者の主観的な判断によって、本来優秀であるはずの人材が落とされたり、他の評価者であれば合格にしていたような人材が落とされる、といったことを排除するための仕組みだ。「誰を落とすか」ではなく、「絶対に落としてはならないのは誰か」という発想がそこにはあることを強調しておきたい。

・面接の回数はまちまち

その後、採用担当者の面接→部門の社員による面接→人事と部門の責任者クラスの面接……と進んでいくのだが、ここにもいくつかの特徴がある。

複数回の面接を実施するということ以外、具体的な回数は決まっていないのだ。これがヤフーの採用の第2の特徴となる。求職者の能力、特性、採用担当者とのやりとりに応じて、回数は柔軟に決定される。上記の3ステップですぐに終了する場合もあれば、担当者との面談が3回4回と続く場合もある。重要なのは、この段階でお互いが納得いくまで向き合ったかどうか、ということだ。

そして第3の特徴は、このようにして人事部門の責任者クラスの面接までクリアした後に、もう一度、採用担当者が求職者と「面談」を行うことだ。あえてこのようなワンステップを設けているのは、この段階での求職者の「心境」には、実に多様性があるからだ。

既に入社を決意している者は問題ないとして、中には、その決断をつけかねている者もいる（第3章）。そのような求職者の声に耳を傾け、彼（女）らが何に迷い、何を求めているのか、ということを丁寧にフォローするのが、ここでの目的だ。このフェーズにおいて、たとえば、「希望職種の先輩社員とゆっくり話がしたい」という求職者がいれば、採用担当者が現場と掛け合っ

て、それを実現させることもある。このように、求職者たちの心の揺れ動きにとことん付き合う

ことで、ヤフーに入り何ができるのか、そこに何を期待でき、何を期待できないのか、そうした期待のマッチングが実現するまで寄り添うのである。

・「変わりやすい能力」と「変わりにくい能力」

ヤフーの採用の四つ目の特徴は、面接の各回の関係性だ。上記の通り、トータルで何回の面接を行うかということは、求職者によって異なるのだが、ほとんどの求職者が、面接①（採用担当者）、面接②（部門の社員）、そして面接③（部門の責任者クラス）という3段階のステップを経る。大まかに言えば、面接①においては求職者の人間性が、面接②や③では求職者のスキルや能力、志向性が評価される。そして、これら各フェーズ間の関係に、特徴がある。

まず、面接②の合否（つまり面接③に進めるかどうか）は、面接①と面接②の結果を合わせて決定される。たとえば面接①ではSクラスの最高評価だったが、面接②ではBというイマイチの評価が下されたとする。面接②単独であれば、これは「落ちる」レベルの評価だ。ところがヤフーの場合、このようなケースでは、面接③において改めて評価することにして、落とさないでおくのだ。先にエントリーシートの部分でも書いたように、他の面接官が素晴らしい（つまりSクラス）と評価した人材を、特定の面接官とたまたま相性が悪かったために、その面接官だけの判断によって落としてしまうというのは、なんとも勿体無いという発想があるからだ。

面接②や③の評価は、さらに（1）求職者が現時点でどの程度のスキルや能力を身につけてい

るか、という現在志向の評価と（2）求職者がどの程度学ぶ意欲や好奇心を持っており、それゆえに、将来どの程度伸びそうか、という二つの観点からの評価に分解できる。現時点において、仕事の遂行にとって必要な能力を身につけていれば望ましいが、もしそれが不十分だとしても、それだけでは「落とす」理由にはならない、と考える。なぜなら、そうしたスキルや能力は、入社後の育成や個人の努力によって、ある程度カバーできる「変わりやすい能力」であることが多いからだ。これに対して、学ぶ意欲を持っているかとか、同社が重視する価値観である「ヤフー・バリュー」にも含まれている「社会の課題解決に意欲を持てるかどうか」といった志向性などは、入社後に教育して身につけさせられるものではない。本書の言葉で言えば、「変わりにくい能力」なのだ。

このように、採用段階では足りていないけれども、この先十分伸びることが期待できる人材については、落とすことなく、しっかりと次のフェーズへと上げていくのがヤフーの採用の重要なポリシーになっている。採用時点でどのような能力を持っており、どの部分については「足りない」と評価されたのか、という点は、採用後に現場の上司や育成担当者にそのまま引き継がれ、現場での仕事や研修内容などによって、フォローされていく仕組みになっている。既にキックオフしている17年卒採用では、こうした採用と育成の連携がさらに強化される予定である。具体的には、17年卒採用のスタートの会議から、育成担当と採用担当が緊密に連携し、どのような能力を採用で評価し、どのような能力を育成がフォローするのか、ということを明確にしていく、という手続きが踏まれている。

「人財開発企業」ヤフーの採用は、さらに進化していくことだろう。

採用ページなどからのエントリー
▼
エントリーシート提出
▼
エントリーシート選考（通常選考とデジタルジャッジ）
▼
座談会
▼
面接①（採用担当者）　※ただし①②③の回数は決まっていない
▼
面接②（部門の社員）
▼
面接③（人事と部門の責任者クラス）
▼
フォロー面談（採用担当者）

（注7）「社会人基礎力」とは、（1）前に踏み出す力、（2）考え抜く力、（3）チームで働く力の三つの能力から構成されるものであり、さらに具体的な12の能力要素から構成される。「職場や地域社会で多様な人々と仕事をしていくために必要な基礎的な力」として、経済産業省が2006年から提唱しているものであり、同省によれば、企業や若者を取り巻く環境変化により、「基礎学力」「専門知識」に加え、それらをうまく活用していくための「社会人基礎力」を意識的に育成していくことが今まで以上に重要となってきている。

（注8）facebookを使った情報拡散は、調査を行った2015年6月時点でおよそ4000名が登録する、人事関連のバーチャル・コミュニティのメンバーに対して、同コミュニティの共有ページへの掲載によって行った。このような形式であるため、当然のことながら、4000名全員がこの情報を閲覧しているとは限らない。

（注9）不採用通知メールの俗称。「貴殿のますますのご活躍をお祈り申し上げます」という一文が最後に添えられているためにそのように呼ばれる。

（注10）エンジニアについては、一部、逆求人の形式（通常のように求職者の側から企業側へとアクセスするのではなく、求職者の方に企業から積極的にコンタクトをとる形式）をとっている。具体的には、ヤフーを希望する求職者に対して、採用担当者が積極的にアクセスし、面談などを行うという形式である。

（注11）余談になるが、このようにヤフーが過去の採用データの解析ができたのは、過去複数年にわたって一貫して同じ内容の質問をし続けてきたからである。使用している適性検査やエントリーシートの質問内容、面接の評定基準やそれらの記録の仕方にかなりの程度共通点があるからこそ、複数年度を縦断するような人事データの分析が可能になる。反対に、毎年、残されるデータの前提が変わってしまうと、こうした分析が難しくなる。たとえば、ある入社年度の社員に関して、エントリーシートの記載内容と入社後のパフォーマ

ンスを分析して、統計的に意味のある関連が見つかったとしても、それがその入社年度の社員においてたまたま起こったことなのか、入社年度の違いに関わりなく普遍的に発生していることなのか、という判断ができなくなってしまうのだ。

第6章　採用をどう変えればいいのか

採用力の正体

結局、どうすれば企業は優秀な人材を採用することができるのだろうか。「自社にとって優秀な人材を惹きつけ、優秀さを見抜き、実際に採用する力」を企業の採用力と呼ぶならば、それはいったいどんな力なのか。本書の最後に、この採用力の正体について考えてみたい。

私は、企業の採用力は、以下のように捉えることができると考えている。(注12)

採用力　＝　採用リソース（資源）の豊富さ　×　採用デザイン力
（有形・無形）　（採用設計力・オペレーション力）

企業にとって必要な人材を自社へと惹きつけ、採用する力は、大きく分けて二つの要素から構成される。採用担当者にとって採用に動員することのできるリソースの豊富さと、採用全体をどのように構想し、どのように進めていくのか、というデザインの力だ。採用リソースはさらに有形のものと無形のものに分類され、デザイン力もまた、設計力とオペレーション力に分類される。

これらが「掛け算」の記号で結合されているのには二つの意味がある。一つは、これらはいずれも採用力を構成する独立した要素ではあるけれども、一方が他方の効果を増幅する関係にあるということだ。リソースが豊富であれば、採用デザインの効果はそれだけ高まるし、デザイン力が高いからこそ、豊富なリソースが活きてくる。もう一つは、一方が著しく低いと、他方の効果も打ち消されてしまうということだ。いくら周到に採用をデザインしたとしても、投入できるリソースがほとんどなければ、良い採用はできない。また、いくら豊富なリソースがあろうとも、見当違いな採用デザインをしてしまうと、それらはまったくの無駄になる。両者がある程度の高い水準にあることが、重要なのだ。では、それぞれについて、見ていこう。

採用リソースの豊富さ

採用リソースの豊富さとは、企業が人材像や採用基準、そして募集・選抜・定着といったフローを設計し、実際にそうしたフロー通りに採用を行う際、採用担当者が動員することのできるさまざまな「資源の量と質」である。

リソースの豊富さは、採用担当者に選択の幅を与えるため、質量ともに豊富な資源を持っている企業は、当然、採用競争を有利に進めることができる。既に述べたようにリソースは、有形なものと無形なものとに分類できる。有形リソースは、多くの場合、採用担当者にとって与えられた制約条件であるのに対して、無形リソースは、採用担当者にとってある程度コントロール可能なことも多い。

①有形のリソース

具体的には、採用活動に動員できる人的スタッフ、採用予算、企業の立地やオフィスビルの立派さなどが有形リソースにあたる。動員できるスタッフの数と質、採用担当者が使用可能な予算規模は、担当者が実現可能な採用フローの内容を大きく左右する。多くのスタッフ、多額の採用予算があれば、多くの求職者との間に、濃密な関係性を構築することができるはずだ。

また採用面接や説明会に、社内で優秀とされる社員を導入することができれば、そうした社員自体が、求職者に対して自社の魅力を強くアピールするリソースになりうる。オフィスの立地や建物のデザインなどの効果もあなどれない。本社ビルが利便性の高い街や、人気の街にあれば、それらは求職者を惹きつける材料になるだろうし、オフィスや内装のデザイン性やおしゃれさが、説明会や面接に訪れた求職者の心をとらえることも少なくない。もちろん「オフィスのデザインが魅力的であるかどうかということと、その企業が良い企業であるかどうかということは別物」ということは求職者も理解しているし、それだけを基準に企業を選択することは少ないのかもしれないが、こうしたちょっとしたことが求職者の意思決定を左右するのもまた、事実である。

採用担当者にとって、何が有形リソースになりうるかということは、必ずしも自明ではない。採用予算やスタッフなどは比較的わかりやすいのだが、オフィスの立地などは捉え方によってリソースにも、制約条件にもなる。

第5章で取り上げた三幸製菓のケースは、このことを示す好例だろう。本社が新潟にあるということは、東京近郊で働きたい求職者にとってはマイナス要素かもしれない。「都心の大学に通い、卒業後も都心にとどまることを希望している求職者を多く惹きつけること」が目的であれば、これは企業にとって明らかに採用の制約条件となる。しかし、新潟で働くことに魅力を感じる一部の求職者（実際にそういう求職者は少なくない）にとって、新潟に本社があるということは、大いに魅力的に映る。

このような求職者にとっては、新潟に本社があること自体が、三幸製菓への入社を積極的に検討する大事な要因となる。「新潟で働くことに強い魅力を感じる人材」というように人材要件を設定した瞬間、新潟という本社の立地は、この企業にとって採用のリソースに変わったわけだ。同様に、「採用予定人数が少ないこと」のように、一見すると資源とは思えないようなものですら、「一人一人の求職者に割くことのできる時間の総量」というふうに捉え直せば、資源になるかもしれない。とにかく、採用に動員できるリソースを洗い出すときには、一見するとリソースとは思えないものも含めて、採用において活用できそうなものは何かということを考える必要があるだろう。

②無形のリソース

無形リソースは、採用担当者にとってある程度操作可能なことが多い。これはさらに、「採用担当者の人脈」と「採用ブランド」とに分類される。

〈採用担当者の人脈〉

採用担当者の人脈はさらに、人材にリーチする（届く）ための人脈と、採用活動を支援してくれる社内の支援者集団とのつながりに分類できる。

・人材にリーチするための人脈

求職者にリーチするために利用できる人脈であり、具体的には、学校の教員や就職担当者、採用支援企業や学生団体との公的私的なつながりを指す。第2章で見たように、かつて日本企業の採用担当者は、自社に人材を供給してくれる各種学校の教員や就職担当者との間につながりをもっており、そのルートを通じて、長期安定的に人材を確保することができた。就職情報サイトの普及・定着は、日本の企業のこうした人脈を弱体化させ、採用力の一部が失われていったということは既に述べたが、企業の中には、この種の人脈を未だ形成・維持し、積極的に活用しているところも少なくない。現在も理系学部を中心にみられる研究室採用を文系学部にまで拡張するケースや、かつて企業にとって重要な採用ツールであったリクルーター制度（フォーマルな面接や説明会とは別に、企業の社員が特定の学生と直接的な接点を持つことで、人材の囲い込みを行うこと）を復活させるケースなどは、その一例である。

就職情報サイトが採用ツールとして普及・定着し、それを使うことが多くの企業にとって当たり前になってきたいま、それを使うこと自体はもはや、人材獲得競争上の優位をもたらさなくなりつつある。そのことに、一部の情報感度の高い求職者は気づき始めているから、今後、一部の求職者については就職情報サイトを使わずに就職活動を行う傾向が強まっていくだろう。(注13)そうなれば、企業間の人材獲得競争は、就職情報サイトに掲載して、多くの人を集めることから、そうしたツールをいかに上手く使いこなすかということ、そしてそのような既存のチャネル以外をいかに活用するか、という部分へとシフトしていくだろう。チャネルを保有すること自体ではなく、それをいかに使いこなすか、そのためのチャネルをいかにたくさん持ち合わせているかということが問われるようになるのである。

社員の人脈を採用に活用しているユニークなケースが、面白《おもしろ》法人の名で知られるカヤックだろう。2014年、カヤックは「人事異動通知書」をウェブ上に公開。正社員・契約社員全員を人事部に配属したと発表した。社員全員が人事部を兼任し、名刺にも「人事部」の肩書きを記載し、採用活動をはじめとする人事機能全般に、全社員が関ることになった。半年に一度の評価において、他人の評価内容を全社員に公開したり、給与は、同職種の相互投票によって決定したり、会社の人員計画や業績の見通しを社員イベントで公開するなどの徹底ぶりだ。

特に採用が面白い。晴れて（？）人事部に異動になった社員たち（つまり全員）には、「ファストパス」と「ラストパス」という2種のカードが配布される。それぞれの社員は、日常的に接しているさまざまな外部の人材を「人事部員」の眼差しで観察し、もし良い求職者がいた場合には、それらのパスを手渡す。「ファストパス」を手渡された人材は、書類選考を免除され、最優先で面接にまで進める。さらにすごいのは「ラストパス」で、これを手にした求職者は一気に最終面接まで進むことができる。社員全員の人脈を総動員して、優秀な人材にリーチするという、究極の採用のあり方かもしれない。

・社内の優れた人材を使え

採用担当以外の人事スタッフ、ライン部門や、その他社内の潜在的な支援者との関係の良好さもまた、採用担当者が活用できる有効なリソースとなりうる。社内他部門から受けることのできる支援は、採用担当者にとって実現可能な採用フローの内容を大きく拡張する。面接官としてどの程度の人員を何名動員できるか、その人たちの時間をどの程度拘束できるかによって、面接に何人の求職者を呼び、それぞれに何回、何分間の面接を実施できるか、面接官トレーニングをどこまで周到にできるか、ということが決まってくる。他部門からエースクラスの人材を面接官として動員できれば、面接官そのものが求職者を惹きつけることに貢献してくれるはずだ。また第5章でも見たように、育成担当者との緊密な連携と相互信頼があれば、採用基準の設定も極めて合理的になる。

〈採用ブランド〉

無形リソースの二つ目が、採用ブランドのパワーだ。ここでは採用ブランドを、「多くの求職者にその企業にエントリーし、選考を受け、採用されたいと思わせるような誘引力」と定義しておこう。

具体的な中身について詳しく見ていくまえに、まず「ブランド」という言葉について説明しておきたい。ひと言でブランドといっても、じつにさまざまな種類があるので、ここではマーケティング研究者である石井淳蔵の『ブランド』にしたがって整理してみたい。

マーケティングの分野では、まず、特定の商品につける名称としてブランドが捉えられる。商品の名称としてのブランドは、その製品の技術的機能的な特徴を表現するように名付けられており、そのブランド名を理解することが、そのまま製品を理解することにつながるようになっている。たとえば小林製薬の「熱さまシート」は、その名前を聞いただけで、それが私たちの体温を下げるためのものだとわかるし、この名称自体に遊び心があり、消費者を楽しませる仕掛けにもなっている。石井氏は、このように製品名＝ブランド名という形のブランドを、「製品指示型ブランド」と呼んでいる。

これに対して、パイロット社の「フリクション」のように、あるブランド名がボールペンにも、蛍光ペンにも、色鉛筆にもといった具合に、複数の商品に横断的に用いられている場合がある。「こすれば消える」という使用機能が、複数の商品間で共通しているという意味で、「使用機能指示型ブランド」などと呼ばれる。

特定の技術を用いつつも、時間と場所によって、商品の使用機能がさまざまに変化するタイプのブランドもある。子供用のお菓子として市場に登場したグリコの「ポッキー」は、いまや大人のお菓子としても重宝されているし、大塚製薬の「ポカリスエット」も、もともと「スポーツ選手のための飲料」であったものが、徐々に、「普通の人が普通の時に飲む飲料」になっていった。このようなブランドを、「技術指示型ブランド」という。

石井氏があげる最後のタイプが、「ブランドネクサス型ブランド」だ。「無印良品」や「メルセデス・ベンツ」のように、技術的にも、使用機能的にもバラバラの、さまざまな製品が同一の名称で売られているような場合がそれにあたる。前述の3タイプのブランドには、それぞれ、ブランドの名称の下に、はっきりとした対象が存在した。それが製品・技術そのものである場合もあれば（製品指示型）、使用機能の特徴（使用機能指示型）や技術的特徴（技術指示型）である場合もあるのだが、とにかく、ブランドの根源とはいったい何か、ということが極めて明確であるという意味では共通していた。

これに対して、「無印良品」や「メルセデス・ベンツ」は、その名称が指し示す具体的な何かがわかりにくい。ブランドの根源が見えにくい。「無印良品」ブランドは、化粧品から冷蔵庫に至るまで、きわめて多様な製品群を抱えているだけでなく、それらが基盤としている技術や製品の使用場面もまた、きわめて多様である。

「メルセデス・ベンツ」は、確かに自動車に限定されてはいるけれども、1926年にベンツ＆シー・ライニッシェ・ガスモトーレン・ファブリークとダイムラー・モトーレン・ゲゼルシャフトの合併によって名称が誕生して以来、多様な技術（エンジン、電子部品など多くの点において）が用いられ、数百万円から数千万円という幅広い価格帯が存在していることからもわかるように、使用機能の面でもきわめて横断的なラインナップとなっている。これらのブランドがブランドである理由は、ただ「無印良品」や「メルセデス・ベンツ」といった名称によってのみである。つまりブランドの本質は、「ブランドだけがそのブランドの現実を説明する」という点にある。石井氏によれば、この「ブランドネクサス型ブランド」こそが、ブランドの純粋な形である。

本書でいう「採用ブランド」とは、企業やその企業が提供する製品・サービスの名称、あるいいはその企業が行っているユニークな採用が、採用活動そのものにまで強い影響を与えているという意味で、「ブランドネクサス型ブランド」に相当するといっていい。たとえば近年、就活生の「人気ランキング」の上位にランクインする常連企業である株式会社ジェイティービー（ＪＴＢ）。このＪＴＢの人気は、旅行代理店業界という業界自体が喚起するポジティブなイメージ（海外に仕事で行ける。社会的に必要とされている。かっこいいなど）や、その旅行代理店業界のトップ企業というポジションや知名度、そして同社の採用戦略（「地域ごと採用」「合同採用」などのユニークな採用戦略）などによって説明できるだろう。同社の個別のサービスや旅行パッケージから独立した、旅行代理店業界そのものの魅力と、業界での同社のビジビリティ（外から見た時のわかりやすさ、可視性）の高さに多くの求職者が魅せられ、同社の採用のユニークさが渾然一体となった「ＪＴＢ」という名称そのものが、この企業の採用の強さを支えているのである。

この例を見ればわかるように、採用ブランドには、企業・業界の魅力という意味でのブランドと、企業の採用のユニークさ・新しさという意味でのブランドの二つがある。

・企業・業界のブランド

一つ目は、企業あるいはその企業が属する業界の魅力によって、その企業に人々が惹きつけられるということだ。毎年ある時期になると、マイナビ、日経就職ナビ、朝日学情ナビ、ダイヤモンド就活ナビ、東洋経済オンラインなど、さまざまな企業のさまざまな媒体において、就職先としての「人気ランキング」が発表される（【表6−1】）。こうしたランキングには、学生に人気が

【表6-1】「2016年卒」マイナビ大学生就職企業人気ランキング。「マイナビ採用サポネット」(http://saponet.mynavi.jp/enq_gakusei/ranking)より

【文系総合ランキング：上位10位】

順位	企業名	得票	前年順位
1	JTBグループ	909	1
2	エイチ・アイ・エス(HIS)	808	3
3	ANA(全日本空輸)	758	2
4	JAL(日本航空)	577	4
5	三菱東京UFJ銀行	534	7
6	電通	485	5
7	三井住友銀行	459	14
8	みずほフィナンシャルグループ	442	18
9	博報堂／博報堂DYメディアパートナーズ	434	6
10	東京海上日動火災保険	416	9

【理系総合ランキング：上位10位】

順位	企業名	得票	前年順位
1	トヨタ自動車	302	2
2	味の素	267	3
3	カゴメ	235	1
3	明治グループ(明治Meiji Seikaファルマ)	235	5
5	資生堂	219	9
6	JR東日本(東日本旅客鉄道)	204	4
7	サントリーホールディングス	200	15
8	キリン	188	24
9	三菱電機	187	18
10	日立製作所	186	13

あるからランクインするという側面と、ランクインしたから学生に人気が出る、という二つの側面があるが、とにかくこうしたランキングに入る企業に、多くの求職者は惹かれ、そこに採用されることを望む。

企業・業界の具体的な指標は、以下の二つである。

業界の魅力度――所属する業界から喚起されるイメージが、収益性、成長性、社会的な意義、仕事内容の面白さ、収入や待遇などに関して、ポジティブなイメージを喚起するか。

企業の魅力度――独自の経営理念、戦略、製品・サービスを有していると認識されるかどうか、経営者のビジビリティが高いかどうかなど。

これらのいずれか、あるいは両方を備えた企業は、業界名や企業名を聞いた瞬間に、求

職者のポジティブなイメージを喚起することができ、その企業にエントリーし、採用され、働きたいと思わせることができるだろう。この場合、求職者に対して「なぜ、そこがいいの？」と質問をしても、明確な応えは返ってこないかもしれない。というよりも、明確な応えがないということ自体が、その企業が強い企業・業界ブランドを持っているということの本質とさえいえる。

・採用自体のブランド

もう一つは、その企業や業界の魅力ではなく、その企業が行っている採用のユニークさ、本質的な意味での「新しさ」を求職者が知り、そのユニークさや新しさゆえに、企業に惹かれて行くという側面だ。第5章でみた三幸製菓、サイバーエージェント、ビースタイル、ヤフーが、その典型である。三幸製菓に惹かれ、エントリーする求職者の中には、「お菓子メーカー」としての同社ではなく、「採用のイノベータ」としての同社に惹かれている者が少なくない。

企業の採用ブランドの具体的な指標とは、たとえば次のようなものである。

その企業が採用を行っているということ自体を、求職者がどの程度知っているか（雇用者としての知名度）。

同社の採用について求職者はどれくらい理解しているか（採用への理解度）。

求職者は、同社の選考に参加して、どれくらい満足しているか（採用への満足度）。

求職者は、同社の採用にどれくらいの新規性、面白み、成長の可能性を感じているか（情緒的評価）。

採用ブランドは、求職者にとっても企業側にとっても、大きな魅力がある。そして同時に、その魅力自体がもたらす問題もある。採用ブランドの功罪について考えてみたい。

求職者と企業側双方にとっての大きな魅力は、それが情報処理の負荷を軽減してくれることだ。就職活動において、求職者は、さまざまな情報源から情報を得て、自らがエントリーする企業を選択する（第3章）。採用ブランドの存在によって、求職者は、企業の情報を詳しく調べなくても、その企業を他の企業と区別できるようになる。これは限られた時間と、限られた能力の中で就職活動を行う求職者にとって、情報処理コストの大きな削減になる。また企業側としても、一旦ブランドを確立してしまえば、募集広告に多大なコストをかけなくても、十分な数の求職者を惹きつけることができる。採用ブランドには、広告コストの削減効果もあるのだ。このように、求職者と企業側双方が、お互いに少ないコストで出会えることが、採用ブランドの大きなメリットだ。

強力な採用ブランドは、求職者の企業選択のルールを変えさせるほどのパワーを持つ。就職活動とは、本来、自分にとってふさわしい企業の条件、働き方の理想などを考慮した上で、それに合致した企業を選択するという順序で行われるべきだ。つまり、本来の順序からいえば、「企業選択のルールの決定」がまず先にあって、その基準に従って「企業選択」が行われるべきだろう。

ところがブランド企業を就職先として選択する場合、求職者の中で「企業選択のルールの決定」が飛ばされて、一気に「企業選択」が行われる。「誰もがうらやむ、あの企業に入りたい」という理由でエントリーが行われる時、企業選択の前に決定されるべき「企業選択軸の選択」が、企業選択の後に行われる、という逆転が起こっているのである。さらに言えばこの時点で、求職者は、「企業選択」と同時に、「企業選択軸の選択」をも行ってしまっていると言ったほうがいいかもしれない。

たとえば、ある学生が「特に理由はないが、とにかく入りたい」という理由で、強い採用ブランドパワーを持つ総合商社を、第一志望群として選択する際、その求職者は暗黙のうちに企業選択軸（大企業、相対的に高い収入・知名度など）をも選択していることになる。

採用ブランドがどれほど重要であるか、ご理解いただけたと思う。この採用ブランドが、企業や業界の魅力（「企業・業界のブランド」）とほぼイコールになってしまっている点に、日本の採用と就職活動の不幸があるように思う。現在の「人気ランキング」の上位は、ほぼすべて、知名度の高い大企業によって独占されている。「企業・業界のブランド」は、少なくとも短期的には、企業側にとってどうしようもない制約条件でしかないから、この点において強いブランドを持つ企業群が採用ブランド企業として君臨し、それが求職者の間で定着することで、多くの求職者が思考停止に陥ってしまっている。とりわけ、２０１６年卒採用のように、求職者にとって企業との接点を持つ期間が短縮されるような状況においては、求職者にとって、情報処理負荷の軽減効果は計り知れない。これが「企業・業界のブランド」の厄介なところだ。

しかし、もう一つの「採用自体のブランド」は違う。こちらは、時間と手間さえかければ、採用担当者自身によって作り上げることのできるものだ。三幸製菓やサイバーエージェントのように、強い採用ブランドを持つ企業が増えていけば、これまでとは違った「人気ランキング」が出現するかもしれないし、求職者の企業選択のあり方も、大きく変わるかもしれない。まだまだ研究は始まったばかりだけれど、「採用自体のブランド」は、今後の日本の採用を考える上で極めて重要だと思う。

・自社の採用リソースの分析のための質問リスト

Q．採用に活用できる「有形リソース」とはいったい何か？　一見するとリソースとは思えないようなものも含めて、自社内に、求職者を惹きつけるために有効なリソースはないか？

Q．採用に活用できる「無形リソース」について。求職者にリーチするために使用可能なネットワーク（大学とのパイプ、コネ）は潤沢か？　自社の採用に関してアドバイスをくれるのは誰か？　他の利害関係者との関係は良好か？　育成との連動はできているか？　他部門のエースクラスの人材を面接などの採用活動に動員できるか？

Q．自社の企業・業界ブランドについて。企業名を聞いた際にポジティブなイメージが喚起され、その企業で働きたいと思わせるだけのネームバリューはあるか？　所属する業界は、収益性、成長性、社会的な意義、仕事内容の面白さ、収入、待遇などに関して、ポジティブなイメージを喚起するか（業界魅力度）？　独自の経営理念、戦略、製品・サービスを有していると知覚されるかどうか、経営者のビジビリティが高いかどうか（企業魅力度）？

Q．採用自体のブランドについて。自社が採用を行っていることは、求職者にどれくらい知られているか（雇用者としての知名度）？　自社の採用について求職者はどれくらい理解しているか

（採用への理解度）？　求職者は、自社の選考に参加して、どれくらい満足しているか（採用への満足度）？　求職者は、自社の採用にどれくらいの新規性、面白み、成長の可能性を感じているか（情緒的評価）？

採用デザイン力とは

リソースに加えて、採用力を構成するもう一つの要素が、デザイン力だ。募集、選抜、定着から構成される採用活動全体を構想し、現実的な計画を立て、リソースを配分し、計画された活動を実行していく力、と定義しておこう。リソースの多くの部分が、採用担当者にとっての与件であったのに対して、こちらは、採用担当者の努力と知恵でかなりの程度改善することができるものだ。そしてそれは、リソースと同じくらい、場合によってはそれ以上に企業の採用成果を決定することになる。

かつて情報技術の黎明期には情報技術を使っていること自体が、企業や個人に競争優位性をもたらしていた。ところが、やがてそれが多くの企業や個人に広まると、それを使っていること自体の優位性は消滅し、いかに使いこなし、他の資源と組み合わせることができるかどうか、というところに競争の土台がシフトした。これと同じように、就職情報サイトを使うこと自体が競争優位性をもたらさなくなった今、企業の採用力はこうしたリソースをいかに活用し、いかに魅力的な採用をデザインするか、という部分によって決まるようになる。

デザイン力はさらに、採用活動の計画段階において、自社の採用をいかに設計するか（採用の設計力）ということと、設計された活動をいかに実行していくか（採用のオペレーション力）ということに分解できる。

・採用を設計しているか？

採用において求める人材像や採用基準の設定（第4章）、そうした人材を集め取りこぼさないような募集・選抜フローの設計（募集メディア選択、メッセージの明確化、選抜の設計など）、測定するための選抜ツールの選択や開発（第4章）など、採用活動全体をいかに設計するか、というのが採用の設計力にあたる。

採用担当者が採用全体をどう設計するかは、その担当者にとって動員可能なリソースによって、ある程度制約される。動員できるスタッフの数と質、採用担当者が使用可能な予算規模など有形のリソースが豊富であれば、選択可能な採用フローの幅もそれだけ広くなる。無形のリソースも同じだ。強力な採用ブランドを持つ企業の、大学などに強力な人脈を持つ採用担当者であれば、就職情報サイトを使わずとも一定数の人材を確保することができるかもしれない。

このように採用の設計にリソースの豊富さが大きく影響することは間違いないが、企業が優れた採用活動を設計できるかどうかということは、それとは独立した問題である。本書の冒頭で取り上げたアスレチックスのケースを思い出してほしい。

序章で紹介したアスレチックスは、選手に支払うことができる年俸総額という有形リソースにおいて、他のチームに決定的に劣っていた。（打率や打点が高いという意味で）「優秀な」選手にとって、年俸額こそがほぼ唯一の誘因となるようなメジャーリーグにおいて、選手に払える年俸総額の少なさは、致命的なことであった。少なくとも、それが当時の常識であった。

そこでアスレチックスがとったのは、データ分析を駆使して、「他のチームが評価しないが、確実にチームの勝利に貢献するような能力」を持った選手を特定する、という採用のあり方だった。アスレチックスのケースはまさに、採用の設計力によって、リソースにおいて劣るチームがそれにおいてはるかに勝るチームを凌駕できる、ということを示したものだった。第5章で取り上げた企業のケースにも、同じことがいえると思う。本書の第3章、第4章には、企業の設計力を高めるための知見がちりばめられている。

設計力をいかに高めるかということに関しては、後ほど改めて考えてみたい。

・内定をありきたりな言葉で伝えていないか?

もう一つ見逃してはならないのが、採用フローのオペレーション（実施）の力だ。いくら適切に採用要件を設定し、素晴らしい採用フローが設計されたとしても、それを実際に運用する態勢に不備があっては意味がない。求職者が、採用フローの不備に敏感に反応するということは、第3章で既に確認した通りだ。採用においても、神は細部に宿る。自社のオペレーション力を把握するためには、たとえば次のような点について担当者同士で議論をすると良いだろう。これらは採用のオペレーションに関わる問題のごくごく一部に過ぎない。企業ごとに、こうしたリストを作成し、共有し、ブラッシュアップしていっていただきたい。

採用フロー全体は、十分に実効性の高いものだろうか。各フェーズにおいて、不測の事態が起こった際にも対応できるだけの余裕を持った計画になっているだろうか?

たとえば、募集段階で予想以上のエントリー数があった場合にも、求職者を長期間待たせることなく、面接を手際よくこなしていけるだけの余裕を持ったフローを組めているか。

採用活動が計画通りに進んでいるかをチェックするような態勢は整っているだろうか？　たとえば各選考フローにおける候補者群の数やステータス（自社への志望度の高さ、他の企業での選考状況など）は、明確になっており、共有されているか。

採用活動に関わるスタッフは、自社の戦略、ミッション、自社にとっての採用の意味、設定された人材像や採用基準、目指すべきゴールについて十分に理解しているだろうか？　各スタッフの理解に、ズレはないだろうか？

そもそもどんな人を「優秀」と考え、それは具体的にどのような人を指すのか、といった点について人事部と現場の面接官との間ですり合わせができているか。

採用担当者以外、たとえば面接官として協力してもらう現場スタッフにも、上記の点が徹底されているだろうか？

特定の選抜ツールについて、何を測定するために、なぜそれが選択されているのか、スタッフは理解しているだろうか？　もし求職者にそのことを尋ねられた時に、それに対して明確に答えることができるレベルまで、理解しているだろうか？

選抜の過程で、自社にとって魅力的な求職者の取りこぼし、見逃しはおこっていないだろうか？

内定者に、次の選考フェーズに進んだことを告げる際、また内（々）定を出す際に、内定者にとっての企業の魅力が損なわれないようなやり方になっているだろうか？

たとえば内定の連絡をする際、ありきたりで事務的な言葉だけになっていないだろうか。相手にとって、就職というイベントが人生の一大事であることを考えた上で、内定の出し方や言葉の選択が行われているだろうか？（「あなたは内定です。おめでとうございます」という言葉と、「あなたの素晴らしい点は○○であり、それは今のわが社にとって最も必要なものです。一緒に働きましょう」という言葉、どちらを聞きたいだろうか）

内（々）定者の心の揺れ動きを理解し、それにそったフォローが行われているだろうか？　最終的な内定の承諾にいたるまでに、求職者の心はなぜ、どのように揺れ動くのかということを考えた上で、彼（女）らと接しているだろうか。彼（女）らの抱える認知的不協和（第3章）に対して、企業として何ができるだろうか？

採用オペレーションをいかに完璧にしたとしても、そもそも設計された採用フローが「的外れ」では意味がない。よほど魅力的なリソースを持った企業でない限り、凡庸な採用計画から素晴らしい採用成果が得られることはない。採用オペレーション力が向上したとしても、それによって追加的に向上する採用力は、たかが知れているかも知れない。しかし反対に、どんな素晴らしい採用計画であっても、その実行に不備があれば、それが良い採用に繋がることはまずない。その意味で、非常に地味で、効果のわかりにくい部分なのかもしれないが、せっかく頭を使って設計した採用フローが無駄にならないためにも、ぜひ取りこぼしのないようにしたいところだ。繰り返しになるが、神は細部に宿るのである。

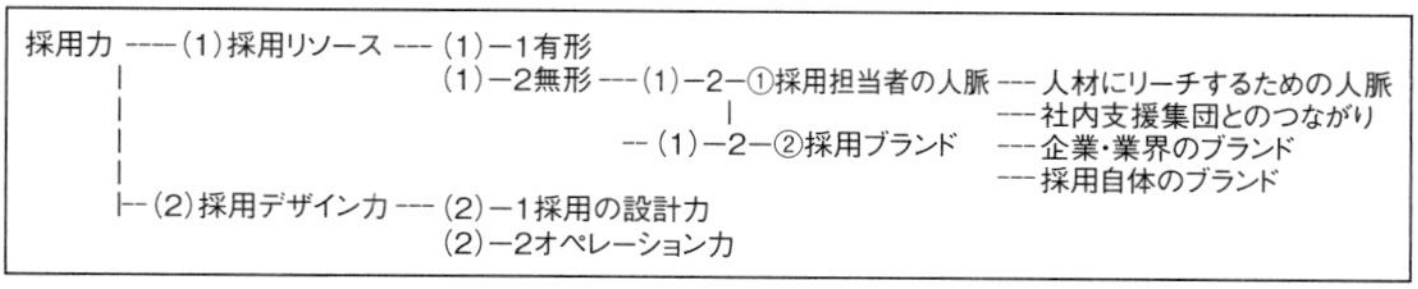

【図6‒1】　採用力の正体。採用力は、採用リソースとデザイン力から構成される。リソースはさらに有形と無形のものに、デザイン力は設計力とオペレーション力とに分解できる。

「新しさ」はやがて当たり前になる

企業の採用力が採用に導入できるリソースと採用のデザイン力の積で決まること、リソースの一部（とりわけ有形のリソース）は採用担当者の力量の及ばないところであり、コントロールが難しいこと、ただしデザインの部分については担当者の努力と工夫によってかなりの部分、引き上げることができるということを確認した。

無形リソースである採用自体のブランドもまた、担当者の中長期的な努力によって高めることが可能だが、それは、ユニークかつ本質的な意味での「新しさ」をもった採用を設計し、それが求職者たちによって認められた結果として、形成されてくるものである。そうなると、採用担当者にとって短期的かつ直接コントロール可能なのは、採用の設計力をいかに高めるかということ、そしてそれをいかに隙のない、周到なオペレーションでもって動かすか、という点になってくる（【図6−1】）。

今後、日本の労働市場において起こりうる人材採用上の競争は、大きく分けて二つの方向で展開されていくだろう。

一つは、採用リソースの多寡をめぐる競争。豊富な採用予算を持ち、大量のスタッフを抱えた企業が、圧倒的な業界・企業ブランドを背景に、（高学歴で、コミュニケーション能力が高いという意味で）「優秀」とされる人材を獲得し、こうしたリソースにおいて劣る企業が、その後塵を拝する形で採用を行う、という競争だ。今日の競争は概ね、このような状況で行われているのだろう。リソースを背景にした競争は、どうしても同質的な競争になり、不毛な消耗戦になりやすいが、これが日本の採用上の競争のメインステージであることも事実だ。

そしてもう一つ、（希望的観測も含めて）今後増えていくと思われるのが、採用デザイン力をめぐる競争だ。採用リソースを背景にした競争の不毛さに気づき、ユニークで、新しい採用を行う企業が増えてくると、三幸製菓やサイバーエージェント、ヤフー、ビースタイルのように、採用ブランドを持つ企業が多くなることだろう。既に述べたように、強い採用ブランドを持った企業には、求職者の企業選択ルールを変えさせる力があるから、こうした企業が増えるに従って、少しずつではあるけれど、日本の採用ルールそのものが変わっていくことになるだろう。

そこで起こるのは、皮肉にも、採用における「イノベーションの陳腐化」であろう。多くの企業が、「普通」の「一般的な」採用を行っている段階では「新しい採用」をすること自体が、求職者を惹きつけるのだけれど、多くの企業が「新しさ」に挑戦し、それが巷に溢れ出すと、「新しさ」はいずれ陳腐化する。「普通」ではない採用に多くの企業が挑戦し始め、それが求職者にとって常識になっていくと、「新しさ」はやがて当たり前のことになっていく。こうなったときに求められるのは、本当の意味で「ユニーク」で、本質的な「新しさ」をもった採用を、いかに設計するかということだ。これこそが、「採用の設計力」に他ならない。

では、「採用の設計力」をもつために、日本企業は何をすれば良いのか？
本書の締めくくりに、そのことを考えてみたい。

自社の採用において一体何を、どのようにすれば良いのか。肩透かしを喰わせるようだが、序章でも述べたように、その具体的な解は、各企業に自ら導き出していただくしかない。「募集情報にはこんなことを書いておけ！」「面接ではこれを聞いておけ！」というような安易な「ノウハウ」や「普遍解」など、採用の世界にはないからだ。

だが、各企業がそうした最適解にたどり着くためのガイドラインならありうるし、科学はそれを示してくれる。本書を通じて主張してきたことだが、世界の採用研究者によって提供された、良質の科学的なエビデンス（科学的根拠に裏打ちされた事実）とロジック、そして自社のデータに虚心に向き合うことで、採用担当者自身が紡ぎ出すエビデンスは、必ず採用の世界を変える。採用に科学を、これこそが日本企業の採用の設計力を向上させ、日本企業に強い採用ブランドをもたらすための鍵だ。現時点で私たちが手にすることができる科学的知見の一部については既に本書の中で紹介したので、ここでは科学と経営の関わり方に関する最先端の議論を紹介しよう。

ＷＨＹよりもＨＯＷ

経営学の父と呼ばれるフレデリック・ウィンスロー・テイラーは、１９００年当時、経営現場が「経験」や「勘」に基づいたバラバラなものになっていることが、組織に多くの非効率をもたらしている、という問題意識を持っていた。そこで彼が取り組んだのが、現場における作業者たちの一つ一つの動作、使用する道具や、それに要する時間に至るまで、思いつく限りのものについて、客観的で最適な標準を設定するというアプローチだった。

テイラー自身が所属していたミッドベールスティール社、そしてベツレヘムスティール社などの工場内で、もっとも「有能」とされる作業者を見つけ出し、彼らの行動を細かく観察し、それを細かい動作に要素分解し（シャベルを選ぶ、シャベルを手に取る、工場内を歩く、シャベルを使って石炭を運ぶ、石炭を高炉にくべる、といった具合だ）、ストップウォッチを片手にそれを観察し、片っ端から記録していった。こうしてでき上がるもの、それが「スタンダード（標準）」だった。

科学的なロジックと緻密なデータに基づくエビデンスによって作られた「標準」があれば、どの作業者が担当したとしても、同じ質、同じ量の安定した成果を得ることができるはずだ。また、「標準」が存在することで、熟練の作業者と未熟練の作業者の間の、作業の質や量における差異が縮小し、どの作業者であっても同じような成果を上げることができるようになる。これが経営にもたらす影響は計り知れない。こうした一連の取り組みによって、現場を、「科学」と「エビデンス」に基づく経営へと転換させることこそがテイラーの科学的管理法の目指したものであり、経営学のスタートだった。つまり経営学は、実践的な課題を科学によって解決することを使命として、大学の研究室でも、コンサルティング企業でもなく、経営の現場から生まれた学問なのだ。

１９９０年代の後半頃から、経営学の実践的な有用性（レレバンス）に関する議論が、アメリカの経営学者を中心に盛んになってきた。その中でも元アメリカ経営学会長であるカーネギーメロン大学のデニス・ルソー、スタンフォード大学のジェフェリー・フェッファーやロバート・I・サットンらによる「事実に基づく経営（Evidence – Based Management: EBM）」の議論は、経営学の知識や経営学者のあり方について大いなる反省を迫るものであり、アメリカ経営学会を中心に大きな話題を呼んでいる。筆者自身も、２０１２年にボストンで開催されたアメリカ経営学会において、ルソーが主催する「事実に基づく経営」に関する国際セッションに参加し、これが大きなムーヴメントになりつつあるということを、肌で感じてきた。

ルソーたちの主張は、極めて明確だ。彼女らによれば、経営に関わる新しい知識を探求しようという研究者たちの努力にもかかわらず、ビジネスパーソンたちが現場における意思決定において、経営学を用いることは滅多にない。その理由はいろいろあるのだけれど、大きく言えば、二つの意味で研究者とビジネスパーソンの間に様々なギャップがあることにある。

一つ目のギャップは、そもそもビジネスパーソンが研究者の提供する知見を知らない、あるいは知っていてもそれが実践で役立つとは思っていない、ということだ。研究者が学会誌で発表した論文を読むビジネスパーソンはごく一部に過ぎないのである（ルソーによれば、およそ1%！）。

そして二つ目に、もし仮にビジネスパーソンが、研究者の知見を実践へと生かそうとしても、現時点で蓄積されている科学的知見は、必ずしもビジネスパーソンの欲しいものにはなっていない、ということ。研究者とビジネスパーソンの間の関心のギャップである。では、なぜこのようなことが起こるのだろうか。

研究者の関心は通常、世の中で起こっている現象を説明する理論の検証や構築に向けられる。

「なぜ世の中はそうなっているのか」「なぜ、組織や個人はそのように振る舞うのか」といった「なぜ（WHY）」に関わる問いだ。

これに対して、現場のビジネスパーソンは、「どのようにすればうまくいくのか（HOW）」、つまり具体的なノウハウとそれを裏付けるエビデンス（証拠）に関心を持つ。研究者が論文や書籍に書いた知識を知ったとしても、ビジネスパーソンは、具体的に何をすればいいのか分からないわけだ。

このような研究と実践とのギャップを超えて、経営学と実践とがよいパートナーとならなければならない。そのためには、研究者としては理論の構築や検証だけでなく、良質のエビデンスの提供とその蓄積を、ビジネスパーソンとしてはそうしたエビデンス、そして自らが有するデータの分析に基づく経営を行う必要がある。優れた科学的知見は必ず実践の役に立つし、両者はきっと、良きパートナーとなりうる。ルソーたちによれば、その一つの有望な方向性こそが、「事実に基づく経営」なのだ。

事実に基づく経営とは何か

では、「事実に基づく経営」とは、具体的にどのようなものなのか。ルソーは、それを以下のように説明している。

（1）経営の現場に、入手しうる最高の科学的知識を用いる

たしかに研究者たちは、理論の検証と構築に強い関心を持っているが、その過程で数々の良質

なエビデンスを生み出していることもまた事実だ。経営学者によって提示された良質なエビデンスのリストを、ご覧いただきたい。

「具体的で、挑戦的な目標を設定することで、業績は改善する」(Latham, 2009)

「正確なフィードバックは、業績と学習の向上をうながす」(Kluger & DeNisi, 1996)

「金銭的報酬は、それが当該個人にとって重要である場合のように、ある種の条件下においては人々を実際に動機づける」(Rynes, Gerhart & Parks, 2005)

「個人の業績に連動した金銭的報酬は、当該個人が期待された水準の業績を実際に達成する前の段階で、当人に多くの学習の余地があるときにはうまく機能しない」(Durham & Bartol, 2009)

「個人の業績に連動した金銭的報酬は、人々が相互に依存する度合いが高い時にはうまく機能しない」(Shaw et al., 2002)

すべて、一流の研究雑誌に掲載された、一級品のエビデンスだ。こうしたエビデンスにたどり着くために、研究者は、既存研究に立脚した周到な仮説構築、そうした仮説を構築するための綿密な調査設計と大量サンプルによる調査の実施、膨大な時間と労力をかけた解析作業、そして最後に、一流のレフェリー(論文の審査員)による調査結果の審査、さらに他の研究者による結果の再検証……といった多くのハードルを越えなければならない。逆にいえば、こうしたハードルをクリアして報告されたエビデンスは高い信頼性と再現可能性を持っているといえる。

ただ、研究者が報告するすべての知識が、上記のようなステップを完全に踏んでいるわけではない。調査において用いられるサンプル数には研究によってかなりばらつきがあるし、レフェリーによる審査の厳しさ（あるいはそもそも審査があるかないか）についても、かなりの多様性がある。そうしたエビデンスの質の高さについて、しっかりとした情報をビジネスパーソンに伝えることは、研究者の重要な役割である。

（2）自社の問題について考えるために必要なデータを集める

「事実に基づく経営」をするにあたって、入手可能な「科学的知識」が重要になると書いたが、ここで使える知識は何も研究者によって報告された既存の科学的な知見だけではない。自社が有するさまざまなデータ、たとえば、過去の採用活動記録や人事データ、社員満足度調査なども、貴重なデータになりうる。こうした手持ちのデータを活用することで、自らの手で良質なエビデンスを集めることは十分に可能なのだ。

たとえば、採用段階で保存されるさまざまなデータ（エントリーシートの記載内容、適性試験のスコア、面接評価など）と、採用後の業績や離職などの人事データ、そして社員満足度調査を結合することができれば、採用段階におけるさまざまな「兆候」から、その求職者の将来の離職可能性や業績などを、ある程度の精度で予測することもできる。自社に特化したデータであるだけに、そこで発見されるエビデンスはより直接的に役立つ可能性が高い。

（3）「知っている」ことに謙虚になる

私たちが日常的に行う意思決定には、さまざまなバイアスが潜んでいる。求職者の採用の可否を決定する場面について考えてみよう。既に述べたように、求職者が提出したエントリーシートや適性試験のスコア、各面接における評価、さらには（善かれ悪しかれ）人事担当者自身がその求職者に対してもつ印象など、さまざまな情報をそのために動員することだろう。そしてその際に、できることなら、客観的な決定を行いたい。

ところが、このような意思決定において、採用担当者が持ち合わせている合理性には、どうしても限界がある。既に繰り返し述べてきたように、求職者の能力や彼（女）らが持つ期待よりも、彼（女）らに対して採用担当者が持つフィーリングが重視されることは多々あるし、採否の決定が担当者自身の経験や勘によって行われてしまうこともある。第4章のコラムで紹介したように、採用の世界に長年いる担当者ほど、理想的な求職者についてのステレオタイプを形成してしまう。面接官として習熟することで、虚心な目を持った採用担当者であれば見極められるような、求職者が示す行動や態度の機微を見落とすようになってしまうのだから、なんとも皮肉なものだ。

事実に基づく経営は、私たちに、みずからが「よく知っている」ということに対して、謙虚になることを要求する。研究者が示したエビデンスやデータの分析から導かれたエビデンスと、みずからの経験や勘とを両にらみにすることで、みずからの経験・勘を検証し、相対化することを求める。

たとえば、これまで「企業のポジティブなイメージを伝えて、大量の候補者群を集めることが、優秀な人材の獲得のための第一の条件だ」と信じてきた採用担当者にとって、「企業のポジティブなイメージを伝えるような情報だけが前面に出てしまうと、求職者の期待のインフレーションが起こる。エントリーの総数は増加するが、期待のミスマッチの発生確率が高まる」というエビデンスは、決して耳触りのよいものではない。みずからの経験を否定するものですらある。

ただ、このような直観とエビデンスとの衝突から、「そもそも何のために候補者群を大量に集めてきたのだろうか。それは、候補者群が少数の場合よりも多数の方が、その中に『優秀な』人が多く含まれているはずだからだ。だが、もしポジティブなイメージに引き寄せられてきた人々の中に、会社に対して必要以上に高い期待を持った求職者や、ほとんど会社のことを知らずにイメージだけでエントリーしているような人がたくさん含まれているとすれば、それは果たして良い候補者群といえるのだろうか」といった思考が始まれば、この瞬間、この採用担当者は事実に基づく経営に向けて、大きく一歩踏み出したことになる。科学的なエビデンスによって、みずからの経験が相対化された、黄金の瞬間なのだ。

念のため断わっておくが、「『知っている』ことに謙虚になる」ということは、経験や勘を排除して科学的な事実だけに忠実になれ、ということでは決してない。事実に基づく経営は、科学やエビデンスの妄信を主張したものでは決してない。経験豊富で、優れた勘を持ったビジネスパーソンと出会うことで、科学的なエビデンスの方も、相対化され、洗練される可能性が十分にある。事実に基づく経営とは、科学者が提示するエビデンスと、ビジネスパーソンが持つ経験・勘とを平等な立場に置くことを主張しているのだ。

「知っている」「わかっている」つもり

「経営の現場に、入手しうる最高の科学的知識を用いる」「自社の問題について考えるために必要なデータを集める」そして、「『知っている』ことに謙虚になる」……ルソーのメッセージは、日本の採用担当者にとっても、大事な意味を持っていると思う。

欧米には、採用に関する膨大な研究蓄積がある。日本では、採用研究はまだまだ始まったばかりだが、幾つかの有益な知見が既に出され始めている。良質の知識は、日本の採用担当者の手の届くところに、既にあるわけだ。このことをまず知ってほしい。もちろんそれがそのまま、すべての企業において使えるとは限らない。自社の採用は、結局、自社で紡ぎだすしかないのだが、そこで役立つのが自社のデータだ。自社に蓄積されたデータを通じて、自社の採用活動を改めて見直すことで、「知っている」「わかっている」つもりになっていることに関して、謙虚に見つめ直す努力をしてほしい。

つまり、(一) 既存の研究から導かれた良質の知識と、(二) 自社のデータから導かれた確かなエビデンスによって、自社の採用を改めて見つめ直すことこそが、「採用の設計力」を高めるための重要なステップだ。私はそう確信している。

しかし残念ながら、日本企業にかぎらず、採用という領域に関して多くの企業は、「事実に基づく経営」からはほど遠い状態にあるように思う。それを阻むものを、整理しておこう。

①膨大な研究知見が分散している

採用の領域に限らず、研究者が世に放つ論文や著書の多くは、ルソーが指摘するように、ビジネスパーソンが求めている「どのようにすればうまくいくのか」という具体的なノウハウとそれを裏付けるエビデンスの提供を意図したものではないのだが、それでも、注意深く読めば、役に立つエビデンスや命題がたくさん含まれている。本書では、その一部を紹介させていただいた。

そして、採用の領域に限らず、2016年現在、膨大な量の経営に関わる学術雑誌や、一般雑誌、そして書籍が出版されている。さらに英語をはじめとする他言語で書かれたものも含めれば、その数はさらに膨大な量に上ることだろう。つまり、実践に役立つエビデンスや命題は、世の中にたくさんあるのだ。

問題はそうした知識が、ビジネスパーソンの目に触れやすいところ、手に届きやすいところにないことである。あるいは手に届いたとしても、研究者に特有の難解な文章と複雑な論理展開、抽象的な概念の頻出によって、それが「利用できる知識なのかどうか」を判断することすらできないことである。研究を生業としている筆者ですら、自分自身に関係する研究動向をキャッチアップしていくだけでも、アップアップの状態であるから、経営の現場にいるビジネスパーソンにとってはなおさら、必要な知識を必要な時に得ることは難しいのだろう。消化しきれないほどの過剰な情報に囲まれて、にっちもさっちもいかない、というのが実情にちがいない。

これについては、研究者にも大きな問題があるように思う。理論の検証と構築が研究者の重要な役割であることは言うまでもないが、それに主眼を置くあまり、ビジネスパーソンが求める知識の提供をないがしろにしてしまったのでは、経営学はやがて見捨てられてしまう。あくまで現場は、ノウハウとそれを裏付けるエビデンスを求めている、ということを忘れてはならない。

今後、経営学者に求められるのは、そうした理論の検証や構築に加えて、その過程で集まってきた良質なエビデンスそのものを蓄積していく作業である。そしてそうしたエビデンスを、ビジネスパーソンにとって分かりやすいような形で体系化し、蓄積し、語り続けていく作業だろう。

たとえば、採用の文脈でいえば、「候補者群の形成に関するエビデンス」「選抜基準の形成とそれを測定するツールの予測力に関するエビデンス」といった具合に、蓄積されるエビデンスを、ビジネスパーソンにとって分かりやすい言葉に翻訳して、分かりやすく整理することだ。

②自社内のどこにどんなデータがあるか知らない

　これまで数え切れないほど多くの企業と関わらせていただいたが、企業内には、実はたくさんの素晴らしいデータがある。企業によっては、研究者の目からみても、ため息が出るほど膨大なデータ、喉から手が出るほど欲しいような貴重なデータを持っている企業もある。それも、決して少数ではない。

　ただ、残念なことに、当の企業の皆さんが、そうしたデータの素晴らしさに気づいていないことが多い。あるいは、データの素晴らしさには気づいているが、それを分析するすべを持っていないがために、せっかくのデータが眠ってしまっていることがある。

　そしてもう一つ、そうしたさまざまな「素晴らしいデータ」が、企業の中のいろいろな部門に分散されていることも、研究者としてはなんとも残念である。人事部の採用担当者がエントリーシートや適性試験や面接評価といった採用データ、同じく人事部の育成担当者が新入社員研修の効果測定データ、人事部の業績評価担当者が業績評価データ、経営企画部が社員満足度調査データを……といった具合に、組織のさまざまな部署が、さまざまなデータを持っていて、それらがまったく統合されていない、もっといえばお互いにそのようなデータがあるということすら知らない、というようなことが本当によくある。このように、企業が自社内にあるデータを持て余していて、そして多くの場合はその全体像すら理解していない状態では、事実に基づいた経営への転換は難しいだろう。

社内にデータが偏在してしまうという現象は、起こるべくして起こる。そもそもデータというものは、特定の「問い」に答えるために収集・作成されるものだ。「社員満足度調査データ」は、「社員の満足度はどうなっているのか」という問いに答えるために集められるのだし、「人事考課データ」の背後には、「わが社の社員のなかで、誰が優秀で、誰を昇進させ、誰に高い給与を与えればいいのか」という問いがある。データを集め、保有している各部署には、それぞれ異なった「問い」が存在している。採用担当者は「わが社に合う優秀な求職者は誰だろう?」と問い、採用データを集める。同じように、業績評価担当者は「誰が高い報酬を得るに値するのか?」と問い、人事評価データを収集し、経営企画部の担当者は「わが社の社員は、会社での仕事に満足してくれているだろうか?」と問い、社員満足度調査データを集める。

それぞれ「問い」が違うから、集めるデータが異なるのだ。だから採用担当者は放っておけば、そのデータを採用以外の事で活用しようとは考えないだろうし、経営企画部の担当者にはそれを採用に生かそうという発想がない。当たり前のことである。

逆にいえば、問いの立て方を変えれば、データの見え方も変わってくる。「わが社に合う優秀な求職者は誰だろう?」という問いの下ではまったく関連の無いデータ同士が、「入社後3年を経過しても、満足して企業にとどまり続け、かつ高い業績を上げる社員とは、どのような社員か。採用段階、入社後に、企業として可能な方策とは一体何だろうか」という問いの下では、一つのデータとして認識されることになる。まさに、「問い」が私たちの「想像力」の及ぶ範囲を限定し、それが「データの活用範囲」を限定するわけであり、「問い」の拡大は、私たちの「想像力」を拡大し、「データの活用範囲」をも、拡大してくれる。ぜひ、自分たちは今何を問うているのかということを自問してみて欲しい。

③経験と勘は大切だが

事実に基づく経営を実施するにあたってもっとも厄介なのは、現場担当者の、経験や勘にたいする強い信奉だ。アメリカの研究が明確に示しているように、採用担当者は、その経験が長い人ほど、採用活動に関する自らの強固な信念やステレオタイプを形成しており、それに基づいて求職者を評価してしまう（第4章）。多くの場合、採用担当者自身にとっては、現場を知らない研究者が学会誌に報告しているような二次的な情報よりも、自分自身の経験に根差した知識の方がはるかに信頼に足る、ということなのだろう。

もちろん、科学によってすべてが解決されるわけではない。科学で解明できることは、ほんの一部でしかないかもしれない。ある企業との共同調査で、同社の採用時の面接評価と入社後3年目の業績評価の関係に関する統計解析をしたことがあるが、その際に驚くべき結果が出た。データ解析の結果、同社の面接官による面接評価（過去数年分の面接評価がすべてデジタル化されていたので、サンプルは膨大な数に上る）と業績との間には、まったくといっていいほど関係性が見られなかったのである。

これ自体は、私たちが既に多くの企業で実証していることなので驚くべきことではないが、驚いたのは、そのようにほとんどの面接官の評価が優秀さを予測しない中で、たった二人だけ、驚くほど正確に入社3年目の業績評価を予測する面接官がいたことだ。彼らが「優秀だ」と判断した人材は、ほぼもれなく、3年後に極めて高い業績を示し、社内で活躍する人材になっていたのだ。後日、その2名の面接官と直接話をすることができたので、「面接では、一体何を見ているのですか?」と尋ねてみたが、彼らの答えは「求職者の目を見るようにしています」「雰囲気というか、たたずまいでわかるんです」といった、非常に曖昧なものだった。

この二人の慧眼に比べれば、科学的に、周到に作り込んだ構造化面接や、莫大な資金をつぎ込んで作成した適性検査の持つ予測力は、なんとも頼りないもののように思えてしまう。どのような優れた選抜ツール(たとえば、用意周到にセッティングされた構造化面接)であっても、将来の社員の業績の半分も説明することができないことが分かっている。

もう半分は、たとえばその社員と上司の関係性であったり、企業全体の業績の推移であったりといった、科学では完全に予測できない様々なノイズによるわけだ。より正直にいえば、私自身は、新卒一括採用に基づく日本の採用においては、採用段階でどれほど周到に募集、選抜のやりかたをセッティングしたとしても、将来の業績のせいぜい20~40%くらいしか説明できないと考えている。それくらい、人間が関わる現象を明らかにするのは難しい、少なくとも、いまの科学では。

この事実に関して、少なくとも二つの考え方があるだろう。一つは、「科学の知見を借りても、世の中の現象の半分も予測、理解できないのであれば、それを学ぶ必要などない」という考え方。

もし皆さんの会社に、上記のような「すごい」面接官がたくさんいるのであれば、ぜひこの立場をとることをお勧めする。この世界には、科学の力の及ばぬところがまだまだたくさんある。

そしてもう一つは、「たとえ20～40％であっても、何もわからないよりはましだ」という考え方。上記のような「すごい」面接官は確かにいるのだけれども、それが極めて稀なことも また事実だ。私を含めて、多くの「普通」の人間にとっては、やはり科学的に、周到に、採用をデザインする価値が十分にある。全体のうち１００％が「わからない」ままになっているのか、そのうち20％でも30％でも、「わかっている」ことを増やそうとするのか。読者の皆さんは、どちらの立場をとるだろうか。

「採用」と「育成」の連動

これまで多くの企業を訪れてきたが、筆者には、大部分の日本企業においては、採用担当者と育成担当者のあいだに緊密な連携が行われているようには思えなかった。採用担当者は、あらかじめ設定された採用予定人数を充足することをもって自らの役割を終え、採用した人材の採用後の動向についてはは強く関心をもたない。もし仮にその人材が十分な業績を上げられなかったとしても、「それは現場、あるいは育成担当の責任」として片付けられてしまう。そのような事態に際して育成担当者や現場の方も、「そのような人材を採った採用担当が悪い」といってはばからない。「我が社はそこまでひどくない」と思われるかもしれないが、こういった意識は、多くの企業に共通するものであるように思う。

では責任は、いったい誰にあるのか。いうまでもなく、採用担当、育成担当の両方（場合によっては現場の上司にも）にある。第4章で述べたように、採用と育成という活動は本来、企業の目標と戦略の実現に貢献できるような優秀な人材のプールを確保する、という共通の目的をもっているはずだ。優秀な人材を確保するという目的を達成するために、企業は、人材を外部から採用することと、そうした人材を内部で育成することとを適宜使い分け、また組み合わせる必要がある。

育成の役割とはいったい何であり、採用の役割とはいったい何か。両者がそれぞれに引き受けなければならない責任とは何であり、反対に、両者が共同であたるべきものとは何か。ヤフー株式会社をはじめ、いくつかの企業では、育成部門と採用部門の境界を取り除き、両者が緊密に連携するような組織再編が既に行われ始めているが、企業の採用力を強化するためには、こうした緊密な連携が欠かせないように思う。

採用プロフェッショナルを

私は、訪問先の企業で若き優秀な採用担当者たちに会うたびに、ある質問をするようにしている。「あなたは、これから先、何年くらい採用業務に携わることになりそうですか？」。もちろん答えは様々なのだが、なかでも「よくわかりませんが、少なくとも5年とか10年もこの業務を続けることはないと思います」というような答えが、一番多かったように思う。彼（女）らの多くが、採用担当として数年を過ごした後、まったく別の部署へと異動してしまう（気のせいかもしれないが、優秀な社員ほどそのタイミングが早いように思う）。多くの日本企業では人材の配置方針において、そして担当者個人の意識においても、採用担当という肩書きはひとつの通過点でしかないようだ。

これは日本企業にとって二つの意味で不幸なことだと思う。

一つは、たかだか数年の着任期間では、自社の採用のあり方に問題があったとしても、それを大きく変えることができないということだ。よほど優秀な人でない限り、新たな業務に慣れ、その業務における問題の本質に気づき、具体的な改善に踏み出すまでには、少なくとも1、2年は必要になるだろう。ようやく業務に慣れ、問題に気づき、改善に踏み出す頃には、異動になってしまう、という具合だ。日本の採用において、抜本的な改革がなされにくい大きな原因がここにあるように思う。

そしてもう一つは、このように担当者のローテーションのサイクルが早いと、人事部門内に、採用業務に関わる専門知がなかなか蓄積されていかない、ということ。私は、採用という業務は極めて高い専門性を有する業務だと考えている。募集情報によって適切な手段を形成し、そうして集めてきた候補者群を数カ月にもわたる選抜プロセスの間じゅう自社へと惹きつけ、様々な選抜方法を駆使して「採用基準」を満たした求職者を発見していく……これほど高度で、重要で、そして刺激的な業務がほかにあるだろうか。特定の分野に関して、極めて高い専門的知識と技術を持った人材をプロフェッショナルと呼ぶのだとしたら、採用担当というのはまさに、プロフェッショナルな業務であるべきだと思う。

第5章で紹介したように、現在私たちは、「採用のイノベーションを起こした企業」を追いかけているのだが、面白いのは、「本質的な新しさを含んだ採用」を産み出した企業の多くにおいて、採用担当と育成担当が兼任になっている……もっと正確にいうと、企業規模あるいは予算上の制約のために、採用業務と育成業務を兼任せざるを得ないような企業において、採用のイノベーションの多くが発生している、ということだ。

こういう企業では、嫌でも、採用と育成の距離が近くなる。極端な話、一人の担当者が両方やっているような場合、採用に時間を割けば、それだけ育成に割く時間が減ってしまうわけだから、どうしても、「採用で絶対にやらないといけないこと／やらなくていいこと」はいったい何かという発想になる。面白いのは、その意図せざる結果として、「育成をにらんだ採用」「採用をにらんだ育成」というものが登場してくるということだ。

これが意味するところは重大だ。時間と予算と人員に余裕のある大企業がなかなかできていない「育成と採用の連動」を、それらに余裕のない企業が実現してしまっているという事実。「制約条件の多い地域・国・企業だからこそ、その制約ゆえに、他が思いつかないようなイノベーションを生みだす」というのは、近年イノベーション論の中で注目されている「リバース・イノベーション」(たとえば新興国で起こった革新が先進国でも展開する)のコアメッセージだが、まさにこれに近いものが、採用の世界で起ころうとしているのかもしれない。資金力の乏しいアスレチックスがメジャーリーグの世界で、そして本書で取り上げたいくつかの企業が日本の労働市場の世界で成し遂げたのは、まさにこのリバース・イノベーションだったのかもしれない。

繰り返しになるが、こうしたイノベーションの源泉は、採用リソースではなく、採用デザイン力なのだ。日本企業の中に採用のプロフェッショナルが増え、彼（女）らのデザイン力が、ますます多くのイノベーションを引き起こすこと。そして、その結果として、「新しい採用を打ち出すこと自体」が当たり前のこととなり、陳腐化し、求職者たちが、知名度や規模ではなく、本質的な意味での採用・育成に優れた企業を高く評価するような世界。これこそ、本書「採用学」が目指す採用の世界だ。その世界は、もうすぐそこまでやってきているように思う。

「優秀さ」を創り出す

序章で紹介した、アスレチックスのケースを思い出して欲しい。そこで私は、アスレチックスの偉業（の一つ）は、メジャーリーグの世界に新しい「優秀さ」をもたらしたことであると述べた。「足が速い」「守備がうまい」「長打が打てる」ことこそが「優秀さ」の条件であると信じて疑わなかった多くのスカウトたちや、多くのチームを尻目に、「出塁率」こそが重要であると看破し、アスレチックスはこの点で秀でた選手を評価し、チームに迎え入れていったのだ。

私は、何かを「評価する」とき、実は、同時に二つのことを行っているのだと考えている。一つは、「はかる」ということ。たとえば、学校でペーパーテストを使って成績評価をするとき、教員は、そのテストによって学生の「理解度」とか「知識量」などを「はかって」いる。物差しを使って「長さ」をはかるように、温度計を使って「暖かさ」をはかるように、テストを使って（外から眺めていてもわかりにくい）「理解度」やら「知識量」を「はかって」いるわけだ。

だが、「評価する」ことにはもう一つ、「価値を創り出す」という重要な意味がある。テストによる成績評価は、一方で、学生の「理解度」やら「知識量」やらをはかっているのだけれど、他方でそれは、「優秀である」「優秀でない」といった形で、学生たちを序列化することにもつながる。「理解度」や「知識量」といった一定の基準で「評価」されるからこそ、学生たちは「優秀である」ということになるわけで、「評価」の基準が違えば、今度はまったく別の人が「優秀」になることだってありうる。その意味で、「評価する」ということは、「価値を創り出す」ことでもある。

採用にも、まったく同じことが言える。「面接でコミュニケーション能力を評価する」という行為は、

①その人のコミュニケーション能力を何とか測ろうとしているだけでなく、②コミュニケーション能力がある人を「優秀な人」に、それがない人を「優秀でない人」に仕立て上げる行為でもあるわけだ。「優秀な人を見抜くこと」が採用の目的だと思われがちだが、採用が「優秀な人」を創り出してしまっている……という側面もあるということだ。

これだけでも、採用がいかに重要な仕事かということがわかるだろう。「我が社にとって優秀さとはいったい何を指すのか」「我が社の採用は、どんな優秀さを測るためのものであり、同時に我が社は、その採用をすることによってどのような求職者を『優秀である／優秀でない』とみなしてしまっているのか」。こうした問題について、すべての企業がとことん考えるべき時期に来ているのかもしれない。

（注12）ここでの議論については、杉浦二郎氏（採用学研究所リサーチフェロー）とのディスカッションが大いに参考になっている。杉浦氏は、企業の採用力を「企業の基礎力」と「採用設計力」とに分解し、前者を採用担当者にとっての与件であり人事がコントロールできないもの、後者を採用担当者にとってコントロールできるものとしている。本書の見解も、ここから大いに刺激を受けている。ただし本書では、採用力の基本的な構成要素を①企業が持つリソースの質と量、および②採用をデザインする力というように分解した上で、さらに①を採用予算やスタッフ規模のように有形なものと、ブランドパワーのように無形なものに、②を採用コンセプトやフローの設計力と、それを滞りなくまわしていくオペレーション力に分解している。

（注13）とはいえ、就職情報サイト離れが際限なく続くとは思われない。多くの求職者にとって、企業の情報がつまったサイトの利便性が極めて魅力的であることに変わりはない。

あとがき

「採用」研究への二つの契機

組織と人は、お互いにどのような関わり合いを持てばよいのだろうか。「良い関わり合い」のようなものがあるとすれば、それはどのようなものであり、どうすれば実現するのだろうか。研究者になることを志した大学3年生の夏から、いまもなお変わらぬ、私の問題意識である。この問題に対して、最初に世に問うたのが2011年に出版した拙著『日本企業の心理的契約：組織と従業員の見えざる約束』（白桃書房）だった。この本では、組織と人の間で、入社後にどのようなお互いの期待のズレが発生し、それがどのような意味で両者の関係を蝕んでしまうのか、ということを考えてみたのだが、今から思えば、当時の私は本書の言葉でいうところの「期待のミスマッチ」に焦点を当てていたことになる。

そこから採用の研究へと進むことを決心したのは、大きく分けて二つのきっかけがあったからだ。

一つ目のきっかけは、2012年8月にアメリカ経営学会のボストン大会に参加したことだ。私が参加したあるセッションでは、経営学に関するさまざまな立場の人々（研究者、経営者、人事部門担当者、コンサルタント、学生など）が揃い、「なぜ経営学は現場の役に立っていないのか」というテーマで、興味深い話し合いが行われていた。そのセッションの中で、アメリカ経営学会の元会長として有名なデニス・ルソーが言っていたのは、「研究者は、物事がなぜそうなっているのか（WHY）という点に興味があるが、企業の現場が知りたいのは、どうしたらいいのか（HOW）である。このズレが、両者の間の大きなギャップを生み出しており、経営学者が生み出した知識が現場で全く使われないという事態を引き起こしている」ということだった。そして「さまざまな人たちが皆で、良質のエビデンス（証拠・根拠）をつむぎ出していくことが大切である」と、ルソーは提案していた。

たとえば、「こういう面接をすれば、将来のパフォーマンスが20％説明できる」といったようなことだ。これなら研究者も興味があり、現場でも使える有用なデータになるわけで、要は、意思を決定するためのエビデンスをつむぎ出していこう、関係者皆の目線を合わせていこう、というセッションだった。これが第6章で紹介した"Evidence – Based Management"（エビデンス・ベースド・マネジメント）だ。アメリカでは研究者と現場との関係を、非常にシビアに考えているということを、まさに五感でもって体験した瞬間だった。このセッションに参加した直後から、私は、日本でもこうしたスタンスに立った研究が必要だと強く思った。では、いったい何のテーマで？　それが二つ目のきっかけにつながっていく。

その二つ目のきっかけは、2013年の6月頃、古くから知り合いであったある企業の人事部長さんから、「採用の問題に科学的に取り組みたい」という相談をいただいたことだった。その方との濃密なやり取りの中で、個人と組織が出会い、お互いに惹かれあって、そして雇用関係に入っていく採用という時点に、組織と人の関わり合いの大きな問題がある、と直感した。より具体的にいえば、私が前著で取り組んだ「期待のミスマッチ」の原因の多くが、実は採用の時点にあるということ、そしてそれは、期待以外のさまざまなマッチング／ミスマッチング（本書の言葉でいえば、「能力」や「フィーリング」のマッチング）との関係性なしには理解しえない、ということに気付いたのだ。

なぜ「採用学」だったのか？

では、なぜ「採用学」だったのか？　「採用」の研究をするにしても、なぜ欧米の研究者がいうような「面接研究」とか「適性検査研究」ではなく、「採用学」などというたいそうな名前を使ったのか。

これまでに何度となくこの質問を受けたのだが、取材用に「タテマエ」の回答を示したり、それらしい言葉で煙に巻くことはあっても、正面から答えることはあえてしてこなかった。そもそも話が込み入っているということもあるけれども、いままでは、それを説明するだけのボキャブラリーを持たなかったからというのが正直な所だ。

しかし、本書の原稿を書き上げた後に、アメリカの哲学者であるチャールズ・サンダーズ・パース、ウィリアム・ジェームズ、そしてジョン・デューイによる「プラグマティズム」の哲学に触れたことで、それを語るボキャブラリーを手にしたという実感を持つことができた。

ヨーロッパの学問的伝統とプラグマティズムの思想

まず「プラグマティズム」の思想について、簡単に説明をしておきたい。

パース、ジェームズ、そしてデューイらが「プラグマティズム運動」を始めた1870年から1900年代初めにかけて、哲学にせよ政治学にせよ何にせよ、学問の中心は圧倒的に西洋にあった。かつて、すべての学問がギリシア哲学のなかに包含されていた（というよりも、学問がまだ未分化であった）時代には、いまでいう政治学も、哲学も、法学も、すべてが「善く生きる」という目的のもとに営まれ、すべての学問がその目的によって結び付けられていた。

ただ学問というものは、総じて、時代が下るに従ってどんどん専門化され、細分化され、それぞれがそれぞれの目標を目指すようになっていくもので、哲学の世界でも、まさにそれが起こった。哲学者の中に、正義、認識、存在など多様な問題を論じる者が現れ、それぞれがそれぞれの問題意識、課題意識の中で研究をし、それぞれの問題意識、課題意識の中で主張をしはじめる。やがて学問はもともとの大きな目的から離れ、研究者たちは、個別の課題（政治のあり方を問うことであり、正義を理解することであり）に専念するようになっていく。それらは本来、「善く生きる」という目的を達成するための一つの手段でしかなかったにもかかわらず、いつしか、そうした個別の課題こそが、学問の究極の目的であるかのような錯覚に、ヨーロッパの学問全体が陥っていったのだ。

こうした事態を憂い、学問のありかたそのものの再構築を目指したのが、プラグマティストたちだった。プラグマティズムの考え方を、ごく簡単に要約すれば、「何かについて考えるときは、常に、それがどのように役立つのかということだけを考えなければならない。それ以外のことを考えることは、全くもって意味のないことだ」ということになるだろう。このように書くと、「何を当たり前のことを。何かをやるときに、目的や意味を考えるのは、当たり前のことではないか」という反応が返ってきそうだけれど、上記のように当時の研究者コミュニティは、そればかりか西洋社会そのものが、こうした大きな目的を失った局地的な営みに終始していたのだった。西洋から遠く離れた、新大陸に生まれたアメリカの哲学者たちがこれを主導したのは、決して偶然ではなかっただろう。

社会科学の使命に立ち返る

それからおよそ100年たった現在、これと全く同じような現象が、経営学や経済学をはじめとする社会科学の世界でも起こっているのではないか……採用に関して、これまで欧米で蓄積されてきた膨大な研究をレビューする中で、私はそのような実感を持った。

この100年ほどの間、社会科学は、理論的にも方法的にも、恐ろしいほどのスピードで深化してきた。英文ジャーナルには、日々(話にすれば毎分毎秒)おびただしい数の研究論文が掲載され、その研究蓄積の幅と深さは、もはや一人の研究者の頭のなかにおさまりきるものでは無くなっている。たとえば経営学、なかでも人事に関わる研究だけをみても、採用、育成、女性活躍、ワークライフバランスなど、さまざまなテーマに分岐しており、その中のたったひとつの分野でしかない「採用」だけをとっても、「より良い面接とは何か」を探究している面接研究者、「精度の高い適性検査の条件」を模索する適性検査研究者……といった具合に、実に様々な研究者群が存在し、それぞれが独立に、お互いに交流をすることもなく研究を推し進めている状態だ。

細分化は、知識の生産効率などの点で良い面もあるけれど（他の領域を気にせず、自らの狭い領域のなかで文献をレビューし、研究し、その領域の研究者に認められれば良いわけなので！）、知識の生産を行っている当の研究者ですら、自らが行っている研究が採用に関わる研究全体の中で、さらには経営学全体の中でどういう意味を持つのか、といったことがきわめて分かりにくくなるという側面もある。もっといえば、そんなことを考えなくても研究ができてしまうことが、細分化された科学の問題なのだ。その領域で研究をしている研究者にしてこういう状態なのだから、ビジネスパーソンにとっては、「どこにどんな知識があるのかさっぱりわからない」状態なのではないだろうか。

かつて哲学がそうであったように、経済学や経営学にも、本来、その学問に課された大きな目的なり使命なりがあったはずだ。経済学であれば、世の中をおさめ諸国民をたすける（経世済民）ことが、経営学であれば、一人では成し遂げられないことを他者との協働を通じて達成するためのあり方を探究することが目的であった。さらにいえば、経済学や経営学が属する社会科学自体にも、科学をつうじて人間が構成する社会を、より良きものにしていく、という目的があったのではないだろうか。

こうした目的が「正しい」かどうかということについて、残念ながら、プラグマティズムの思想の中に答えはない。彼らが主張しているのは、可能な限り、崇高で、良心にかけて正当化されうる目的を掲げられているか、まずそのことを自らに問うこと自体が重要であり、その努力をした上で、今自分がやっているそのこと（研究）が、その目的を達するために本当に役立つものなのかどうかを真剣に考える態度こそが大事……ということでしかない。したがってここで重要なのは、かくも細分化が進んだ現在の経営学者の中に、いったいどれだけの人が、「そもそも自分の研究は、何を目的としたものなのだろうか」という大きな目的を意識して研究を行っているのかということであり、残念ながら、多くの研究者が「目的の転移」を起こしてしまっているのではないか、というのが私の観察だ。私自身も、決して例外ではなかったと反省している。

だから私は「採用学」と言わなければならなかった

科学の深化は研究分野の細分化を必然的に伴うものであり、その意味で、採用に関わる研究が「局地戦」になっていくのはある程度仕方のないことなのかもしれない。面接の研究をしている人は「良い面接とは何か」を問い、求職者の意思決定の研究に興味がある人は「求職者の意思決定メカニズムとは一体どのようなものか」と問う……そうしたこと自体は、もはや避けられないことなのかもしれない。

ただ、仮に一つ一つの研究が局地戦になっていくとしても、自分がどのような大きな目的に向かって研究をしているのか、自らの研究は結局のところ社会に対して何をもたらすためのものなのか、ということ自体は決して見失ってはならないと思う。面接の研究や適性検査の研究や求職者の意思決定の研究は、いずれも「他者との協働を通じていかに成し遂げるかを探究する」という経営学の使命を果たすために存在しているのだし、さらにいえば、「科学をつうじて人間が構成する社会を、より良きものにしていく」という社会科学の大きな使命のもとで、はじめて存在しうるはずだ。面接の研究や、適性検査の研究は、採用の観点から社会科学の大きな使命に貢献することを最終的な目的として行われるべきなのだ。

端的にいうならば、「組織と人がはじめて出会う『採用』という場面において、両者の良い出会いと、お互いの発展を阻害する問題を明らかにし、その解決の方法を科学的に解き明かすこと。そのことを通じて、『採用』という観点から、『採用』に出来る範囲の中で、より良き社会の実現に貢献すること」、これこそが私の研究の目的であり、「採用学」という言葉に込めた思いだ。だから私は、「面接研究」でも「適性検査研究」でもなく「採用学」という言葉を使いたかった、というよりも、使わずにはいられなかった。

「採用学」のスタート、そしてたくさんの仲間

2013年9月26日、横浜国立大学みなとみらいキャンパスで、研究者、ビジネスパーソン、そして学生を集めた「採用学プロジェクトのキックオフ宣言」としてのイベントを開催したとき、この直感は確信へと変わった。「社会は採用学を求めている！」と。

その後、採用学プロジェクトを推進する組織として採用学研究所を設立するなど、採用学は順調に成長し続けてきたのだが、その間に、採用に悩む人事担当者、採用に関わる就職情報会社、

リサーチ会社、コンサルティング会社の方々、そしてこの領域で言論活動を行っておられるたくさんのオピニオンリーダーの方々に会うことができた。もちろん、彼（女）らの立場はそれぞれ微妙に違うのだけれど、すべてに共通しているのは、彼（女）ら全員が、いまの日本の採用に少なからぬ疑問を持っているということ、そしてそれに対してそれぞれの立場から具体的なアクションをとろうとしているということだ。この人たちとなら、日本の採用を本当に変えることができるかもしれない。そう思わせてくれるような出会いに恵まれたことは、本当に幸運だったと思う。

研究活動の推進にあたってお世話になった、そんな多くの方々にお礼を述べたい。まず、私とともに採用学を推進してくださっている研究者とスタッフの皆さんへの感謝。プロジェクトの事務局を担当してくださっているビジネスリサーチラボ代表取締役の伊達洋駆さんは神戸大学大学院時代からの仲間であり、ディスカッションパートナーでもある。数年前、私たちがまだこのプロジェクトを立ち上げていなかった頃、大阪のとある喫茶店で語り合った壮大な夢・構想が、採用学への大切な第一歩になった。同じく本研究を支えてくださっている、ビジネスリサーチラボの稲田聡美さん、笹田裕嗣さん、株式会社綜合キャリアオプションの作馬誠大さん、採用学に関わる調査・研究を一緒に進めてくださっている、環太平洋大学の堀上明先生、大阪産業大学の矢寺顕行先生、長年の研究パートナーである群馬大学の新井康平先生、そして研究面でのサポートをしてくださっている東京大学大学院の正木郁太郎さん、そして共同研究パートナーであり採用の世界における大先輩でもある採用学研究所リサーチフェローの杉浦二郎さん、株式会社マイナビの栗田卓也さん、神谷俊さん、株式会社パフの釘崎清秀さん、株式会社ビズリーチの南壮一郎さん、多田洋祐さん、株式会社サイバーエージェントの曽山哲人さん、渡邊大介さんにも、深く感謝したい。ここにあげた誰ひとりが欠けても、採用学の推進は不可能だったと思う。

採用学は、多くの企業を巻き込んだ大規模産学連携プロジェクトであり、プロジェクトの推進には、パートナー／支援企業の皆様の存在が欠かせない。全ての方々のお名前をあげることはできないので、ここでは企業名をあげるにとどめさせていただきたい。まずそのプロジェクトの事務局であり、企業とアカデミズムの橋渡しを目指す株式会社ビジネスリサーチラボ。旭化成株式会社、株式会社インテリジェンス、株式会社インテリジェンスＨＩＴＯ総合研究所、株式会社インテリジェンスビジネスソリューションズ、株式会社エー・ディー・ワークス、エン・ジャパン株式会社、ライフネット生命株式会社、株式会社パフ、三幸製菓株式会社、ヤフー株式会社、株式会社マイナビ、プロフューチャー株式会社、株式会社綜合キャリアオプション、株式会社ヒューマンセントリックス、株式会社ビズリーチ、ＴＩＳ株式会社、田辺三菱製薬株式会社。株式会社サイバーエージェント、株式会社リクルートキャリア、株式会社リンク・アイ、その他多くの企業の、多くの方々から、さまざまな形でのご支援をいただいている。ここに感謝申し上げたい。

筆者が研究フィールドとしている人材マネジメントおよび経営・行動科学領域の諸先生方への感謝と尊敬も欠かしてはならない。まず、欧米における採用研究の動向をいち早く日本の読者に紹介し、ご自身でも実証研究を蓄積されてきた、大学院時代からの恩師、神戸大学の金井壽宏先生に、感謝を申し上げたい。先生から折に触れていただく優しくも厳しいコメントに感謝するとともに、本書の出版よりも20年も前に、既にこのテーマの重要性を喚起されたという事実に、改めて驚きと尊敬の念を覚える。また、神戸大学の鈴木竜太先生、高橋潔先生、平野光俊先生、東京大学の中原淳先生、名古屋大学の江夏幾多郎先生、一橋大学の守島基博先生、首都大学東京の西村孝史先生にも、折に触れて、研究の内容や研究プロジェクトの進め方など、多方面にわたるご支援とアドバイスをいただいている。横浜国立大学大学院国際社会科学研究院の諸先生方との議論は、私にとって重要なリソースとなっている。とりわけ、折に触れて議論を共有させていただく山倉健嗣先生とのやりとりからは、研究者としての姿勢、議論の仕方など、多くのことを学ばせていただいている。２０１６年3月に横浜国立大学を退職なさり、大妻女子大学での新しいキャリアをスタートされた先生への日頃の感謝を、ここに記したい。

本書の出版にあたっては、新潮社出版部のみなさまに、本当にお世話になった。特に、今泉正俊さんには、本書の執筆を、我慢強く、温かく見守ってくださったことに、深く感謝したい。

家族への感謝も述べさせていただきたい。まず、採用学にとりつかれ、ともすれば家庭人としての役割をおろそかにしがちになる私を許し(?)、力強く支えてくれている妻可奈子にも感謝の意を表したい。どうしようもない壁にぶつかったとき、私の心を和ませてくれたのは、母まり子と弟圭亮だった。そして、還暦をこえてから経営者として新しいキャリアを歩み始めた父俊明。私が幼いころから、父から「組織の問題は、つまるところ人の問題である」という言葉を、幾度となく聞かされてきた。当時は、おそらくその意味を理解していなかったのではないかと思うが、いま、研究者としての道を歩み始めて、そして採用という問題に強い関心を持つようになって、ようやく、その言葉の深みを理解できるようになってきたと思う。
最後に、採用学プロジェクトの立ち上げと同時に服部ゼミナールに入り、いままでずっと議論を共有してきた大学院1期生・2期生、そして学部ゼミ1期生・2期生のメンバーにも感謝を述べたい。

・大学院1期生／王克剛、劉旭旭
・大学院2期生／アラファト・ヌルタイ、于嘉、田村祐介、童可欽
・学部ゼミ1期生／石川侑希、大和田愛美、岡本和之、久保大輔、呉羽彩、齊藤温庭、佐藤拓歩、垂水勇太、細田菜摘、米田紘夢
・学部ゼミ2期生／小久江紗耶、小坂伸仁、今野雄貴、櫻井奈津美、竹内雄一、田中悠太郎、土居優子、坡山里帆、原田歩実、東亮太、真柄潤、三澤敦、渡辺沙織、渡邊真衣子

いつもたくさんの元気と、若さと、気付きをありがとう。
君たちに会えて本当に良かった。

美しい横浜の街を一望する常盤台の研究室にて

服部泰宏

参考文献

序章

マイケル・ルイス『マネー・ボール』早川書房

第1章

Schneider, B.（1987）"The people make the place," *Personnel Psychology*, 40, 3, pp. 437-453.

Wanous, J.P.（1992）*Organizational Entry: Recruitment, selection, orientation, and socialization of newcomers*, Addison Wesley Publishing Company.

第2章

岩田龍子（１９８１）『学歴主義の発展構造』日本評論社

尾崎盛光（１９６７）『日本就職史』文藝春秋

小山治（２０１０）「なぜ企業の採用基準は不明確になるのか：大卒事務系総合職の面接に着目して」苅谷剛彦・本田由紀編『大卒就職の社会学：データからみる変化』東京大学出版会、199-222

豊田義博（２０１０）『就活エリートの迷走』ちくま新書

常見陽平（２０１５）『「就活」と日本社会：平等幻想を超えて』ＮＨＫブックス

常見陽平（２０１４）『リクルートという幻想』中公新書ラクレ

難波功士（２０１４）『「就活」の社会史：大学は出たけれど…』祥伝社新書

濱口桂一郎（２００９）『新しい労働社会：雇用システムの再構築へ』岩波新書

福井康貴（２００８）「就職の誕生」『社会学評論』第59巻第1号
本田由紀（２００５）『多元化する「能力」と日本社会：ハイパー・メリトクラシー化のなかで』ＮＴＴ出版

第３章

Chapman, et al. (2005) "Applicant attraction to organizations and job choice," *Journal of Applied Psychology*, Vol. 90, pp. 928-944.
服部泰宏（２０１３）『日本企業の心理的契約：組織と従業員の見えざる約束〈増補改訂版〉』（白桃書房）
金井壽宏（１９９４）『エントリー・マネジメントと日本企業のＲＪＰ指向性』神戸大学経営学部研究年報（40）1-66
Petty, R. E., and Cacioppo, J. T. (1986) "The Elaboration Likelihood Model of Persuasion," *Advances in Experimental Social Psychology*, Vol. 129.
Cable, D. M., and Turban, D. B. (2001) "Establishing the dimensions, sources and value of job seekers' employer knowledge during recruitment," Research in Personnel and Human Resources Management, Vol. 20, pp. 115-163.
Rynes and Cable (2003) "Recruitment research in the Twenty-first century" in *Handbook of Psychology*, Vol. 12, *Industrial and Organizational Psychology Handbook*
Wanous, J. P. (1992) *Organizational Entry: Recruitment, selection, orientation, and socialization of newcomers*, Addison Wesley Publishing Company.

第４章

安藤寿康（２０１１）『遺伝マインド：遺伝子が織り成す行動と文化』有斐閣
Bradford, D. S. (2005) *Topgrading (revised PHP edition): How Leading Companies Win by Hiring, Coach-*

ing and Keeping the Best People, Portfolio.

Ryan and Tippins（2004）"Attracting and Selecting," *Human Resource Management* Vol. 43.

Wiesner, W. H. & Cronshaw, S. F.（1988）"A meta-analytic investigation of the impact of interview format and degree of structure on the validity of the employment interview." *Journal of occupational and organizational Psychology*, Vol. 61, pp. 275–290.

Wright, P. M., Lichtenfels, P. A. & Pursell, E. D.（1989）"The structured interview: Additional studies and a meta-analysis." *Journal of occupational and organizational Psychology*, Vol. 62, pp. 191–199.

第６章

石井淳蔵（１９９９）『ブランド：価値の創造』岩波新書

Davenport, T. H.（2007）*Competing on Analytics: The New Science of Winning*. Harvard Business School Press.（村井章子訳『分析力を武器とする企業：強さを支える新しい戦略の科学』日経ＢＰ社、２００８）

Davenport, T. H.（2014）*Big Data at Work: Dispelling the Myths, Uncovering the Opportunities*. Harvard Business School Press.（有限責任監査法人トーマツデロイトアナリティクス〈監修〉『データ・アナリティクス３・０ ビッグデータ超先進企業の挑戦』日経ＢＰ社、２０１４）

Durham, C. C., and Bartol, K. M.（2009）Pay for Performance. In Locke, E. A.（Ed.）*Handbook of Principles of Organizational Behavior*（2nd ed.）, pp. 217–238.

服部泰宏（２０１５）「経営学の普及と実践的帰結に関する実証研究」『経済学論究』第69巻第１号、pp. 61–86.

Kluger, A. N., and DeNisi, A.（1996）"The Effects of Feedback Interventions on Performance: Historical Review, Meta-analysis and Preliminary feedback Intervention Theory," *Psychological Bulletin*, Vol. 119, pp. 254–284.

Mintzberg, H.（2004）. *Managers not MBAs: A hard look at the soft practice of managing and management development.* Berrett-Koehler Publishers.（池村千秋訳『ＭＢＡが会社を滅ぼす：マネジャーの正しい育て方』日経ＢＰ社、２００６）

Pfeffer, J., & Sutton, R. I. (2006). *Hard facts, dangerous half-truths, and total nonsense: Profiting from evidence-based management.* Harvard Business School Press.（清水勝彦訳『事実に基づいた経営』東洋経済新報社、２００９）

Rousseau, D. M. [2012]. "Envisioning evidence-based management." In *The Oxford Handbook of evidence-based management*, Oxford University Press, New York.

Latham, G.（2009）*Becoming the Evidence-based Manager: Making the Science of Management Work for You.* Davies-Black

Rynes, S. L., Giluk, T. L., and Brown, K. G.（2007）"The Very Separate Worlds of Academic and Practitioner Periodicals in Human Resource Management: Implications for Evidence-based Management," *Academy of Management Journal*, Vol. 50, pp. 987–1008.

Shaw, J. D., Gupta, N., and Delery, J. E.（2002）"Pay Dispersion and Workforce Performance: Moderating Effects of Incentives and Interdependence" *Strategic Management Journal*, Vol. 23, pp. 491–512.

新潮選書

採用学《さいようがく》

著　者………………服部泰宏《はっとりやすひろ》

発　行………………2016年 5月25日
10　刷………………2020年 1月15日

発行者………………佐藤隆信
発行所………………株式会社新潮社
〒162-8711 東京都新宿区矢来町71
電話　編集部 03-3266-5411
　　　読者係 03-3266-5111
http://www.shinchosha.co.jp
印刷所………………株式会社三秀舎
製本所………………株式会社大進堂

乱丁・落丁本は、ご面倒ですが小社読者係宛お送り下さい。送料小社負担にてお取替えいたします。価格はカバーに表示してあります。

ISBN978-4-10-603788-7 C0334